国学经典

呻吟语

〔明〕吕坤 撰
张民服 周军玲 王珊珊 注译

中州古籍出版社
·郑州·

图书在版编目（CIP）数据

呻吟语 /（明）吕坤撰 ；张民服，周军玲，王珊珊注译．—郑州 ：中州古籍出版社，2008．1（2023．6 重印）

（国学经典）

ISBN 978-7-5348-2844-7

Ⅰ．呻…　Ⅱ．①吕…②张…③周…④王…　Ⅲ．①人生哲学－中国－明代②呻吟语－注释③呻吟语－译文　Ⅳ．B248.92

中国版本图书馆 CIP 数据核字（2007）第 181327 号

SHENYIN YU

呻吟语

责任编辑　岳鸳鸯
责任校对　张牛琴
装帧设计　张　胜
美术编辑　曾晶晶

出 版 社　中州古籍出版社（地址：郑州市郑东新区祥盛街 27 号 6 层
　　　　　邮编：450016　电话：0371-65723280）
发行单位　河南省新华书店发行集团有限公司
承印单位　辉县市伟业印务有限公司
开　　本　640 mm × 960 mm　1/16
印　　张　15.75
字　　数　183 千字
印　　数　33 001—36 000 册
版　　次　2008 年 1 月第 2 版
印　　次　2023 年 6 月第 9 次印刷
定　　价　20.00 元

前　言

《呻吟语》，明代著名思想家吕坤的代表作，是一部箴言体的小品文集。它立足儒学，积极用世，关乎治国修身、处事应物，言简意赅，洞彻精微，在当时及后世影响很大，以至于今。尹会一《〈吕语集粹〉序》称其“推堪人情物理，研辨内外公私，痛切之至，令人当下猛省，奚啻砭骨之神针，苦口之良剂”。申涵光《荆园小语》更称：“吕新吾先生《呻吟语》，不可不常看。”近年来各种版本的《呻吟语》的整理改编问世，更可以说明该书已经成为中国传统文化经典宝库中不可或缺的一个宝藏了。

一

吕坤（1536—1618），字叔简，一字心吾（或新吾），自称抱独居士，河南宁陵县人。万历二年（1574）考中进士，任职襄垣（今属山西）知县，政声颇佳。后历任户部主事、郎中、山东右参政、山西按察使、陕西右布政使、山西巡抚、右佥都御史、左佥都御史，累官至刑部左、右侍郎。

吕坤所处的时代，正值明王朝日趋腐朽、危机四伏之时。万历初年，内阁首辅张居正主持整顿吏治、加强边防、治理黄河、清丈土地，继而推行“一条鞭法”，大刀阔斧地在政治、军事、经济等领域采取一系列强有力措施，将嘉靖中期以来的改革活动推向高潮，出现不少清新气象，遂收一时之成效。但是，在张居正身后朝政却出现大幅度逆转。神宗皇帝骄奢淫逸，贪财好货，一改在张居正生前那种恭敬谨慎、循规守礼的做法，不仅将张居正抄家削爵，还一概否定了他的治国政绩，此后的朝政日趋黑暗。神宗长期深居内宫，不理政事，搜求无度，恣意挥霍。从中央到地方的各级官府，多缺乏主管长官，政事无人过问。而朝廷内外则是党派林立，互相倾轧，一派混乱局面。在财政方面，国库匮乏，入不敷出，国家机器难以运作。这一时期，土地兼并之势愈演愈烈，大批农民丧失土地，或沦为佃户奴仆，或辗转他乡成为流民。自万历二十四年（1596）始，神宗派遣大批矿监税使到全国各地，名为采矿榷税，实则横征暴敛，摧残百姓，此正如当时吏部尚书李戴向朝廷上疏所言："自矿税出而百姓之苦更甚于兵，自税使出而百姓之苦更甚于矿。年来远迩同嗟，贫富交困。贫者家无宿储，止凭营运，但夺其数钱之利，已扼其一日之喉。至于富民，需求不遂，立见倾家荡产，无地可容，有天难诉。利归群小，怨归朝廷。"（《明神宗实录》卷三四〇）结果造成民怨沸腾，天下骚然。加之天灾频仍，百姓更无生路。凡此种种，导致万历朝出现内忧外患、危机四伏的状况，颇有大厦将倾之势。以致后人有"明之亡，实亡于万历"之说。

面对这种危局，颇有扶危济困之志的吕坤于万历二十五年（1597）向朝廷上了一道奏疏，坦言天下安危，并提出了拯救危机、治理国家的方略，此即著名的《忧危疏》。他认为："今天下之势，乱象已形，而乱势未动。天下之人，乱心已萌，而乱人未倡。今日之政，皆播乱机使之动，助乱人使之倡者也。"（《明史》卷二二六）而百姓的境遇则十分凄惨："冻骨无兼衣，饥肠不再食。……流移日众，弃地猥多；留者输去者之粮，生者承死者之役。"（《明史》卷二二六）在这种局势下，吕坤认为最重要的就是收人心，他说："人心者，国家之命脉也。今日之人心，惟望陛下收之而已。”（《明史》卷二二六）具体而言，就是要采取切实措施减轻民众负担，解决时弊。如他提出停罢山西之紬、陕西之绒、苏松之锦绮、饶州之瓷器，则山陕、江南之人心可收；减少湖广、四川、贵州地区的采木量，则湖广、川贵之人心可收；停止采矿、征榷矿税，则四方之人心可收；关闭官店、禁止与民争利，则京畿地区之民心可收；澄清冤案、稳定宗室，则宗藩勋戚之人心可收；执法公允、实行法治，则牢狱之人心可收；虚心纳谏、广开言路，则士大夫之人心可收；稳定四邻、加强边防，则属国之人心可收；清查库府、加强管理，则输解物品之人心可收；慎用抄家之法、避免株连之嫌，则郡城之人心可收；少行严刑峻法、善待宫人侍从，则左右之人心可收。（《明史》卷二二六）此疏针砭时弊，言辞恳切，集中反映了吕坤的政治思想。所言虽未得到神宗采纳，却表现出吕坤为国为民的一片赤诚之心，因而深得朝臣们的赞誉，影响颇深。

吕坤一生“刚介峭直，留意正学。居家之日，与后进讲习。所著述，多出新意”（《明史》卷二二六）。他知识渊博，著述颇丰，是著名的思想家、哲学家和政治家。他的著作主要有《去伪斋文集》《呻吟语》《实政录》《四礼疑》《四礼翼》《闺范图说》等。《呻吟语》成书于万历二十一年（1593），是一部探讨人生哲理的箴言体名作。何谓呻吟？用吕坤本人的话解释，即：“呻吟，病声也。呻吟语，病时疾痛语也。”（《呻吟语序》）意在通过这种比喻，告诫自己、告诫世人，无论为官，无论做人，都要有正确的行为规范和处世之道；无论行事，无论言谈，都应举止得当，合情遵法。目的在于以自己对人生的感悟“示惩于天下”，起到警世作用。

二

《呻吟语》共分六卷，即礼集、乐集、射集、御集、书集、数集，其下又分为性命、存心、伦理、谈道、修身、问学、应务、养生、天地、世运、圣贤、品藻、治道、人情、物理、广喻、词章十七类。其思想虽仍以儒家为主体，但亦深受时代影响，处处体现出晚明变革之世的思想风貌。正如时任湖广监察御史的赵文炳在其校刻《吕公实政录》序言中所云："吕先生天中大贤，得伊洛真传。所著《呻吟语》，发明六经孔孟之学，天德王道，渊源于中。居恒慨然以天下为己任，一念民物胞与，真可盟幽独而格鬼神者。"（郑涵《吕坤年谱》第107页）

在卷一《性命篇》中，吕坤以朴素的唯物主义思想谈了生死、形体、精神、人生等问题。他说："人与众动之死生、始终、有无只是一理，更无他说。""气无终尽之时，形无不毁之理。"认为：包括人在内的世上一切有生命的物体，其生长与死亡、起源与终结、存在与消失，都出自同一道理，即一种循环往复、自然代谢的过程。一切有形体的东西是无法长存的，而精神的东西则可与世俱在，代代流传。他在谈到人生发展阶段时认为：人在不同的年龄阶段，其心境是不一样的，这是由于："人之念头与气血同为消长。四十以前是个进心，识见未定而敢于有为；四十以后是个定心，识见既定而事有酌量；六十以后是个退心，见识虽真而精力不振。"意思是说，人的志向心念是随精力身体状况一起变化的。四十岁之前有很强的上进心，这是由于对事物还没有足够的认识，还在不断探索，因而敢于有所作为；四十岁之后进入不惑之年，社会阅历已很丰富，见多识广，思想稳定，心态平静，虑事周详，不容易冲动犯错误；六十岁之后逐渐缺乏积极进取之心，虽然见识精深但精力衰退，故趋于保守。这便是人生的一般规律。在看待命运问题上，他认为君子和小人的命运虽然都掌握在各自手里，但在如何对待上却有不同：君子从道义的角度对待命运，不用非道义的方法来操纵它；小人则企图以欲望来控制命运，不可得到的东西必欲得之，这样命运是不肯接受的。因此，"君子之心常泰，小人之心常劳"。吕坤的这种观点，继承了儒家传统的义利之观，即“君子喻于义，小人喻于利”。君子注重自身修养，为人处事符合天理人情，顺应自然；小人则只为一己私利谋算，不惜损害他人，违背自然。这正是君子、小人之间的区别。

在卷二《问学篇》中，吕坤谈了对治学的一些主张和观点。他认为，读书人切忌一面学着古代圣贤之道，一面又我行我素，不把书本知识与实际结合起来。如果这样去读书，即使“闭户十年，破卷五车”，仍将一事无成。他强调，读书就应将书本中的知识道理运用到社会实践中去，指导自己的为人处事和言行举止，按古代圣贤的标准去要求自己，规范自己，否则就是读再多的书也毫无用处。他还指出，做学问不能仅浮在表面上，一定要深入进去，如果“不由心上做出，此是喷叶学问；不在独中慎起，此是洗面工夫”。肤浅学问和表面工夫是成就不了大事的。有些人讲起话来头头是道，议论事物侃侃而谈，似乎显得很有学问，但要他们去处理实际问题，就一筹莫展、束手无策，这就是对知识掌握得不深、对内涵理解得不够的缘故。所以，学知识、搞学问一定要脚踏实地、扎实勤奋，这样才能掌握到真止的本领。研究学问，应该懂的就一定要弄懂它，否则就是愚昧；没有弄懂的，也不要不懂装懂，否则就是牵强附会。他说：“君子知其可知，不知其不可知。不知其可知则愚，知其不可知则凿。”知识的获得、哲理的明了需要一个过程，学习既要勤奋努力、刻苦钻研，又要切合实际、实事求是，正如孔子所言：“知之为知之，不知为不知。”能够懂得的、掌握的，就一定弄懂它、掌握它，不懂的、没有掌握的，就应当坦然承认不懂，切不可强不知以为知。吕坤还指出，每个人都有优点和缺点，治学也是如此。怎样做学问呢？他说：“学问之道无他，只是培养那自家好处，救正那自家不好处便了。”在治学过程中，每个人都应对自己的擅长和缺陷有所了解，从而发挥长处，克服短处，照自己所擅长的方向去发展，这样才能取得最大的成功和效果。

在卷三《应务篇》中，吕坤谈了为人处事、应对各种局面的一些看法。他认为，一个人随着年龄的增长，所经历的事情愈来愈多，阅历愈来愈丰富，于是总结出许多如何应对事物、如何接触各类人物的经验，对不同的人能够采用不同的方法。他说："余行年五十，悟得'五不争'之味。"何谓"五不争"？曰："不与居积人争富，不与进取人争贵，不与矜饰人争名，不与简傲人争礼节，不与盛气人争是非。"意思是说不和重积蓄的人争贫富，不和追求显达的人争尊贵，不和矫饰矜持的人争名声，不和倨傲简慢的人争礼节，不和盛气好斗的人争是非。这是吕坤人生处事的经验之谈，年届五十，已经到了知天命的时候，对己可以淡泊名利，对人可以宽容大度，生活的价值和生命的意义看得更深刻些，从而达到更加完美的人生境界。吕坤还说："理直而出之以婉，善言也，善道也。"道理正确又能委婉地表达，这才是好的语言、好的方式。一个人即使真理在握，也不应盛气凌人，趾高气扬，而应以谦虚宽容的态度待人，循循善诱，虚怀若谷，使之心悦诚服，这是一个人最宝贵的品德。在此卷中，吕坤还进一步谈了善于处世的问题。他说，善于处世的人，要掌握人的自然之情。"得人自然之情则何所不得？失人自然之情则何所不失？"关于此点，不仅帝王治理国家需要这样，即使两个人相处，"亦离此道不得"。强调了自然之情在治国和人际交往中的重要性。

在卷四《世运篇》中，他谈了君子与世俗之人的区别。在吕坤看来，君子和世俗之人在很多方面都有所不同，"世人贱老，而圣王尊之；世人弃愚，而君子取之；世人耻贫，而高士清之；世人厌淡，而智者味之；世人恶冷，而幽人宝之；世人薄素，而有道者尚之"。意思是说，世俗之人鄙视老人，而圣贤的君王却尊敬之；世俗之人唯恐自己愚蠢，而君子却乐意学做愚蠢之态；世俗之人以贫穷为耻，而高雅之士却安得接受；世俗之人讨厌平淡，而智慧之人却感觉回味无穷；世俗之人憎恶冷清，而喜欢幽静之人却视为珍宝；世俗之人轻视朴素，而有道之士却崇尚之。在此卷中，吕坤还谈了对物质需求的态度。他认为，世间的物质是有限的，但人的欲望则无止境，以有限之物去满足无限之欲，必然会发生争斗。假如“人人知足，则天下有余”。他还说，自然界有一定的成规，而人心却是飘忽不定的，以不定之心去撼动自然界的成规，那肯定会失败。假如每个人都无非分之心，做到“人人安分，则天下无事”。在人的一生中，能够克服缺点、战胜自己恐怕是最难能可贵的了，“所贵乎刚者，贵其能胜己也，非以其能胜人也”。也就是说，刚的品德之所以可贵，就在于其可用来战胜自己，而并非用来战胜他人。

在卷五《治道篇》中，他谈了为官理政的一些准则和需要注意的问题。其一，他提出：“天下之患，莫大于苟可以而止。”养成萎靡不振、不思进取的习气，造成积重难返的形势，都是因为“苟可以”的缘故。作为圣人，其治身能够勤勉发奋、自强不息；其治民能够鼓舞干劲，从不懈怠。圣明之人不因天下太平而废除常规，不因无害于世间而忽略小的过失。这是由于圣人能深刻认识到“防患于未然”的道理之故。其二，他告诫道：“帝王虐民是自虐其身者也，爱民是自爱其身者也。”他以秦的强盛和灭亡为例，谈了施仁政和施虐政的巨大差异：“德之所渐，薄海皆腹心之兵；怨之所结，衽席皆肘腋之寇。”强调了施仁政的重要性。其三，为政要保持公心，摒弃私心。“若自朝堂以至闾里，只把持得“公”字定，便自天清地宁、政清讼息。”假如上自朝廷、下至市井里坊，人人都能坚持公心、秉公办事，天下自然会安宁太平，政治自然清明，狱讼自然平息。然而就是这样一个“私”字，却“扰攘得不成世界”。很多弊端、很多不法行为就是由于私心而酝酿成的。其四，为政者要有宽广的胸怀和宏大的气度，以宽容待人，改正他人之过。如果对有过之人采取过激态度，只会加剧他的错误并激化矛盾。正如其所言：“宽人之恶者，化人之恶者也。激人之过者，甚人之过者也。”其五，在采用礼与刑的问题上，吕坤强调了礼的重要性。他说：“五刑不如一耻，百战不如一礼，万劝不如一悔。”设置五刑惩治罪恶，不如使人自感耻辱作用更大；发动百战阻止祸乱，不如以礼相待更能带来安宁；万次劝说转变他人之过，不如使其自我悔恨纠正错误。这里吕坤强调了道德、礼仪、自律所具有的内在力量。在礼与刑的关系上，他进一步分析道：礼与刑，二者常相资也。礼先刑后，“礼行则刑措，刑行则礼衰”。礼仪与刑法是一种互为补充、相辅相佐的关系，治理国家缺一不可。但使用得当与否，则有不同结果：先礼后刑，则礼仪推行而刑法可以放弃；先施刑法，则礼仪就会衰弱，发挥不了作用。正如儒家思想所主张的那样，对人民要先使其安居乐业，再施行教化，再推行礼仪；无效，才施以刑法。

在卷六《人情篇》中，吕坤谈了不少人生哲理和人世间的种种现象，或加以阐释，或加以褒扬，或加以抨击。他认为，人的一生会经历各种境遇，能否正确应对，才是最为重要的。他说：“以患难时心居安乐，以贫贱时心居富贵，以屈局时心居广大，则无往而不泰然。”当人在患难之时，心态能够安然乐观；人在贫贱之时，心中能有富足之感；人在屈辱之时，心胸能宽广豁达，还有什么事能不泰然处之呢！他进一步谈道：“以渊谷视康庄，以疾病视强健，以不测视无事，则无往而不安稳。”意思是说，假如能把深渊峡谷视同康庄大道，把疾苦病痛视同强壮健康，把意外事故视同没有事端，那就没有任何使人感到不安稳的事情了。吕坤通过这种辩证的论述，意在使人们培养起应对各种困难艰险的能力。在如何对待人之过错上，吕坤认为：“攻人者，有五分过恶只攻他三四分，不惟彼有余惧，而亦倾心引服，足以塞其辩口。”批评人的过错，要留有余地，不要求全责备；要有真诚的态度，不要趾高气扬，这样才能使对方心悦诚服，纠正过错。在此卷中，吕坤还对人的一些不良品行进行了抨击。他认为人有三妒：“己无才而不让能，甚则害之”，此为一妒；“己为恶而恶人之为善，甚则诬之”，此为二妒；“己贫贱而恶人之富贵，甚则倾之”，此为三妒。对这三类见人生妒者，应当进行严厉惩罚。

总之，吕坤在《呻吟语》中谈了许多极富哲理的人生箴言，细细品味起来，言词简明，寓意深远，颇具明体达用之特色，对治国理政、修身立命、处事应物、培养品行等均不无裨益，对后世产生了深远影响。

三

吕坤在各处为官任内也留下许多令人称道的政绩和作为。万历二年（1574）春，入京应试，中进士，被任命为山西潞安府襄垣县知县。在襄垣期间，积极筹措粮草，调配民夫，以期消除水患。史载："先生（指吕坤——引者注）设法积谷，立河仓以备修筑，民不知役。"（郑涵《吕坤年谱》第107页）万历六年（1578）升任吏部文选司主事，将其俸金及日常积蓄购腴田五百亩，以"祀先人，恤同姓"，名曰"孝睦田"。（吕坤《去伪斋文集》卷八《宁陵吕氏孝睦田碑》）万历十一年（1583）回宁陵故里休假，针对土地钱粮诡寄、隐瞒等弊端，力主清丈全县地粮，收一时之效。万历十六年（1588），任职山东济南道右参政。因此前连续两年旱灾，造成该年春天山东大饥荒，灾民食尽草根树皮，又吃各种野草，其中有含剧毒者，食后备受折磨，终致死亡。吕坤得知此情后，深为痛惜，遂作《毒草歌》，以悼死者，以诫生者。此歌云："柳头尽，榆皮少，岂是学神农，个个尝百草！但教饥饿缓一刻，那论苦辛吃不得！嗟嗟毒草，天胡生此，既不延我生，又不速我死！速死岂不难，长饥何以堪！"（吕坤《去伪斋文集》卷十《毒草歌》）吕坤遍查药书、农书，了解各类植物特性，何种可食，何种有毒，一一注明，其爱民惜民之心于此可见一斑。在山东期间，吕坤还采取措施发展生产，周济鳏寡孤独和残疾之人，解决其生计困难等，颇受赞誉。万历十九年（1591）末，升任右佥都御史提督雁门等关，巡抚山西。在此期间，曾向朝廷上《摘陈边计民艰》一疏，凡十二款，即：（一）慎优免以息民艰，（二）省兴作以养民力，（三）酌升迁以苏民困，（四）省侈费以惜民财，（五）酌解审以矜原证，（六）兴武教以养将材，（七）精器械以求实用，（八）练乡兵以备缓急，（九）严法令以服豪军，（十）招土著以壮边圉，（十一）议禁山以别利害，（十二）复月粮以恤贫军。（吕坤《去伪斋文集》卷一及《明经世文编》卷四一六）此疏深刻分析了北部边防存在的种种问题和弊端，进而提出解决办法和应采取的措施，切中要害，建议允当，对明代边防大计有重要意义。除注重边防外，吕坤在山西的为政和品行还得到吏部的高度评价，谓吕坤"耿介刚方，光明磊落，在在不避权豪，问司道之所不敢问。居乡能守淡泊，甘士民之所不能甘。友爱家庭，亲睦乡里，年华虽暮，人品极高"（《万历邸钞》第一册第791—792页）。万历二十五年（1597），吕坤以病乞休，返回宁陵故里。至次年，湖广监察御史赵文炳校刻《吕公实政录》，在序言中对吕坤一生的政绩作了更为全面的评价：谓其"朝夕焦劳，惟恐一民一物不得其所。……惧民啼饥号寒也，教之垦荒田，兴水利，树农桑，养五孳。其所以殷殷恳恳，导众利而布之下者，必欲家给人足而心始慰。惧茕民无告也，为之岁给粟布，时加存问。即瞽目残肢，俾各专一艺以资其身。乞丐之流，亦冬有生房，房有布被，期穷民举无失所。惧荒歉为民灾也，纸赎无碍尽籴余谷，贮预备仓，而又募民出粟，益以官廪，俾在在皆立社仓，遇有水旱，不能为灾。惧盗贼戕吾民也，而申饬保甲之法。惧淫邪荡吾民也，而讲明乡约之法。惧冤枉害吾民也，而设为平反之法。惧奢靡损吾民也，而崇尚节俭之法。又惧有司之弗毖或至殃吾民也，指陈在公之事正色而告之。……盖先生爱民真如保赤，一猷念、一政事，设诚而力行之"（赵文炳《吕公实政录序》）。吕坤为政的爱民、亲民之心，跃然纸上。

四

《呻吟语》始撰于嘉靖四十二年（1563），吕坤时年二十八岁，至万历二十一年（1593）付梓刊行，历时三十年。作者在谈及刊刻之由时言道："司农大夫刘景泽，摄心缮性，平生无所呻吟，予甚爱之。顷共事雁门，各谈所苦。予出《呻吟语》示景泽，景泽曰：'吾亦有所呻吟，而未之志也。吾人之病，大都相同。子既志之矣，盍以公人？盖三益焉。'……因择其狂而未甚者存之。"（《呻吟语序》）《呻吟语》问世于晚明这样一个社会大变革时代，既蕴含着儒家思想中修身洁己、治国理政的传统信念，又体现出顺应时代潮流，不拘经道、重民务实的独立思想风格，书中处处闪耀出体用一致、自强不息的积极处世精神，为后人留下一份丰厚而可资研习采纳的思想文化遗产。

该书问世后，自明至清，有多种版本流传于世。此次注释，采用明万历年间刻本、清同治光绪间修补印本《吕新吾先生全集》中的《呻吟语》，参看清道光七年（1827）栗毓美等编刻的《吕子遗书》本，译文则参看了近年数家出版社出版的《呻吟语》译注本，力求译文准确、恰当并保持原作风格。但鉴于该本字数过多，遵照出版社编辑同志的建议，我们采用四库全书本《呻吟语摘》两卷本为底本，两本均有的条目一概保留，前本没有的条目，依照《呻吟语摘》补充并译注，但卷目仍保留前本的六卷体制。《呻吟语摘》是吕坤晚年"手自删削，稿凡三易，并其续入者，仅余十之二三"（吕知畏《呻吟语摘跋》），堪称作者本人的最后定本，具有重要的版本价值和学术价值。当然，由于译注者学识水平所限，错误之处当为不少，希望读者随时批评指正。

需要说明的是，研究生金荣洲、刘士岭、杨洋等参加了本书的注译工作，付出了辛勤的劳动，限于体例，未能一一署名，志此以示谢意。

张民服

目 录

呻吟语卷一 1
性命 1
存心 5
伦理 19
谈道 29
呻吟语卷二 56
修身 56
问学 80
呻吟语卷三 91
应务 91
呻吟语卷四 116
天地 116
世运 124
圣贤 126
品藻 130
呻吟语卷五 146
治道 146

呻吟语卷六 182
人情 182
物理 187
广喻 190
词章 214

附录 225
呻吟语序 225
呻吟语摘序 226
呻吟语摘跋 227
四库全书总目提要·呻吟语摘 228
明史·吕坤传 228

呻吟语卷一

性　命

1.001　真机真味要涵蓄，休点破。其妙无穷，不可言喻。所以圣人无言。一犯口颊，穷年说不尽，又离披浇漓[①]，无一些咀嚼处矣。

［注释］

①离披浇漓：离披，分散貌；浇漓，刻薄。

［译文］

真机真味要含蓄，休要点破，这样就其妙无穷，不可言喻。所以圣人不多说话。一旦犯了口舌之争，终年也说不尽，又众说纷纭，不合情理，就没有任何可品味之处了。

1.002　性分[①]不可使亏欠，故其取数也常多，曰穷理，曰尽性[②]，曰达天，曰入神[③]，曰致广大、极高明。情欲不可使赢余，故其取数也常少，曰谨言，曰慎行，曰约己，曰清心，曰节饮食、寡嗜欲。

［注释］

①性分：性的本分，指人先天具有的善性。②尽性：尽量发挥和扩充人的本性即善性。③入神：指人的修养达到最高境界。

［译文］

人先天具有的善性，不应有任何的亏损，所以要达到较高的境界，就要做到常说的“穷理”“尽性”“达天”“入神”“致广大、极高明”。感情和欲望，不可太多太强，所以要节制，也就是常说的“谨言”“慎行”“约己”“清心”“节饮食、寡嗜欲”等。

1.003　凡人光明博大，浑厚含蓄，是天地之气；温煦和平，是阳春之气；宽纵任物，是长夏之气；严凝敛约，喜刑好杀，是秋之气；沉藏固啬，是冬之气。暴怒是震雷之气，狂肆是疾风之气，昏惑是霾雾之气，隐恨留连是积阴之气，从容温润是和风甘雨之气，聪明洞达是青天朗月之气，有所钟[①]者，必有所似。

［注释］

①钟：禀受。作者认为人的性格、气质相异，皆因所禀之气所致。

［译文］

如果人的气质光明博大、浑厚含蓄，这是禀受了天地自然之气；温煦和平，这是禀受了阳春之气；宽纵随和，这是禀受了夏天之气；严凝敛约，喜刑好杀，这是禀受了秋天之气；沉藏固啬，这是禀受了严冬之气。暴怒是禀受了震雷之气，狂肆是禀受了疾风之气，昏惑是禀受了霾雾之气，隐恨留连是禀受了积阴之气，从容温润是禀受了和风甘雨之气，聪明洞达是禀受了青天朗月之气。禀受了什么气，必然表现出相似的气质。

1.004　兰以火而香，亦以火而灭；膏以火而明，亦以火而竭；炮以火而声，亦以火而泄。阴者所以存也，阳者所以亡也，岂独声色气味然哉！世知郁者之为足，是谓万年之烛。

[译文]

兰香因火的点燃而发出香气，也因火的燃烧而消尽；灯油因用火点燃而发光，也因火的燃烧而耗竭；炮因火的点燃而发声，也因火的点燃而消散。隐忍而不显露就能够存在，显露而不隐藏就要灭亡，岂只声、色、气、味是这个道理呢！世人知道蕴藉不发就能永远充实满足，可以称之为万年之烛。

1.005　一[①]则见性[②]，两则生情，人未有偶而能静者，物未有偶而无声者。

[注释]

①一：专一。②性：指善性。

[译文]

纯一就能见到事物的本性，不纯则会生发情感。人没有在两人相对时能保持静的状态的，物没有在两物相撞时不发出声音的。

1.006　声无形色，寄之于器；火无体质，寄之于薪；色无着落，寄之草木。故五行惟火无体，而用不穷。

[译文]

声音无形无色，依托于器物；火没有形状，依托于柴草；颜色无着落，依托于草木。五行当中，只有火没有形状，可它的用途却无穷无尽。

1.007　问：禽兽草木亦有性否？曰：有其性。亦天命否？曰：天以阴阳五行化万物，安得非天命？

[译文]

有人问：“飞禽走兽、花草树木都有情感吗？”我回答说：“都有情感。”又问：“既然有情感，也有天命吗？”我回答说：“上天用阴阳五行生克变化出万物，怎么能没有天命呢？”

1.008　或问：孔子教人性非所先。曰：圣人开口处都是性。夫水无渣，著土便浊；火无气，著木便烟。性无二，著气质便杂。

［译文］

有人问：“孔子教育人们，并不是先教人性。”我回答说：“圣人一开口就是讲人性。水中没有杂质，但一旦沾染尘土，就会混浊不干净；火中没有气，但一旦燃烧树木，就会冒烟。人性本善，没有二致，一旦附着于不同的气质，便驳杂了。”

1.009　满方寸浑成一个德性，无分毫私欲，便是一心之仁；六尺浑成一个冲和，无分毫病痛便是一身之仁；满六合浑成一个身躯，无分毫间隔便是合天下以成其仁。仁是全体，无毫发欠缺，仁是纯体，无纤芥瑕疵，仁是天成，无些子造作。众人分一心为胡越，圣人会天下以成其身。愚尝谓两间无物我，万古一呼吸。

［译文］

如果内心布满一个德性，没有一点私心杂念，只是一个人的心的仁义；全身布满宽容平和之气，没有一点病痛，这只是一身之仁；全世界都变成一个身体，没有一点间隙，这是用全天下来成就他的仁义。仁义就是全身，没有一点欠缺，仁义是纯体，没有一点纤芥瑕疵，仁义是先天生成的，没有一点矫揉造作。大家一旦彼此离心离德，圣人就会使全天下变成一条心。我曾经说过，两间无物我，万古一呼吸。

存　心

1.010　收放心休要如追放豚，既入苙[1]了，便要使他从容闲畅，无拘迫懊侬之状。若恨他难收，一向束缚在此，与放失同。何者？同归于无得也。故再放便奔逸不可收拾。君子之心如习鹰训雉，搏击飞腾，主人略[2]不防闲[3]；及上臂归庭，却恁忘机自得，略不惊畏。

［注释］

①苙：牲畜的圈栏。②略：稍微。③防闲：防备、禁止。

［译文］

要收回一个人放纵的心不要像追逐放出去的猪一样，已经把它追回栏里，就要让它从容闲畅，不要让它有拘迫烦闷的懊恼。如果恨它难收回来，一直就束缚在那儿，就好像没有追到一样。为什么这样说呢？因为放出去和追回来，它都什么也没有得到。因此再放出去时，它就会逃走追不回来了。君子的心如同经过驯服的鹰雉一样，放开它，让它搏击飞腾，主人一点不用操心；等它飞回主人的臂上，回到家中，却是那样的从容闲适，一点也不惊恐害怕。

1.011　心放不放，要在邪正上说，不在出入上说。且如高卧山林，游心廊庙；身处衰世，梦想唐虞。游子思亲，贞妇怀夫，这是个放心否？若不论邪正，只较出入，却是禅定之学。

［译文］

心是豁达还是不豁达，应该分辨正当与否，而不在于其是否出入。比如隐居在山林，心中又想着朝廷上的事情；生活在衰微的时代，梦想唐尧虞舜盛世再现。游子思念父母，贞妇怀念自己的丈夫，这是不是豁达呢？如果不分辨正当与否，只计较出入，就成了佛教的禅定了。

1.012　或问：放心如何收？余曰：只君此问便是收了。这放收甚容易，才昏昏便出去，才惺惺便在此。

[译文]

有人问："放纵的心如何收敛？"我说："你这么一问，就证明已经收敛了。这收放非常容易。不过是漫不经心时，心便放纵出去了；才一警醒，心便收敛回来了。"

1.013　无屋漏工夫，做不得宇宙事业。

[译文]

没有在无人看见时仍保持高尚情操的功夫，就做不成大事业。

1.014　君子口中无惯语，存心故也。故曰"修辞立其诚"，不诚何以修辞？

[译文]

君子不随便说话，说出的话都是用心思考过的。所以说"修辞立其诚"，不诚怎么能修饰好辞句呢？

1.015　"静"之一字，十二时离不了，一刻才离便乱了。门尽日开阖，枢常静；妍媸尽日往来，镜常静；人尽日应酬，心常静。惟静也，故能张主得动，若逐而去，应事定不分晓，便是睡时，此念不静，做个梦儿也胡乱。

[译文]

"静"这个字，时刻也不能忘记，只要一旦忘记，便会乱了套。门每天不停地开合，但门轴永远是静止的；美丽和丑陋的人每天都来来往往照镜子，但镜子永远是静止的。人们每天都要忙于应酬，而心里常是静怡平和的。只有静能制动，遇事才能有主张，才能处理好。如果心随事动，必然不知如何处理事物才算恰当，就是睡觉时，心不静的话，做个梦也是乱七八糟。

1.016　把意念沉潜得下，何理不可得？把志气奋发得起，何事不可做？今之学者将个浮躁心观理，将个委靡心临事，只模糊过了一生。

[译文]

把意念收敛起来，有什么道理不能领悟？把志气奋发起来，有什么事情不能成功？现在的学者，常常带着浮躁的心境去看待物理，用毫无生气的心情去办事，只能糊里糊涂地过一生。

1.017　“心平气和”，此四字非涵养不能做。工夫只在个定。水火定则百物兼照，万事得理。水明而火昏，静属水，动属火，故病人火动则躁扰狂越，及其苏定，浑不能记。苏定者，水澄清而火熄也。故人非火不生，非火不死；事非火不济，非火不败。惟君子善处火，故身安而德滋。

[译文]

“心平气和”这四个字说来容易，然而没有涵养是做不到的。这其中的功夫只在一个定。水火定了，百物都能看得清，万事都能处理得宜。水明而火昏，静属水，动属火，因此病人火动就狂躁不安，待其苏醒安静以后，什么都不记得。苏醒安定时，就如同水澄清、火熄灭。所以人没有“火”就不会生存，没有“火”就不会死亡；事情没有“火”就不能成功，没有“火”就不会失败。正因为君子善于处理“火”，所以能够身体安康、德业日长。

1.018　未有甘心快意而不殃身者，惟理义之悦我心，却步步是安乐境。

[译文]

没有纵欲无度的人不给自己带来祸殃的，只有理义能使人心情愉快，每一步都是安乐境界。

1.019　自家好处掩藏几分，这是涵蓄以养深。别人不好处要掩藏几分，这是浑厚以养大。

[译文]

自己的长处要掩藏几分，这就是涵养，能使自己更深沉；别人的短处要替他遮掩几分，这是浑厚，能使自己的心胸更广大。

1.020　胸中情景要看得：春不是繁华，夏不是发畅，秋不是寥落，冬不是枯槁，方为我境。

[译文]

胸怀中的情景应看成：春天不是繁华富贵，夏天不是抒发畅快，秋天不是萧条冷落，冬天不是枯萎槁竭，这才是最好的自我境界。

1.021　目不容一尘，齿不容一芥，非我固有也。如何灵台[1]内许多荆榛，却自容得？

[注解]

①灵台：指心。

[译文]

眼睛里面容不得一点灰尘，牙齿中间容不得一点饭屑，因为这些东西都不是眼睛和牙齿中本来就有的东西。为什么心中有那么多的杂念，人们却能容忍得下呢？

1.022　“忍”“激”二字，是祸福关。

［译文］

“忍耐”和“激动”两个词是祸福的关键所在。

1.023　学者只多忻喜心，便不是凝道之器。

［译文］

学者只要经常一味沾沾自喜，就不会有很深的修养。

1.024　只脱尽轻薄心，便可达天德。汉唐以下儒者，脱尽此二字不多人。

［译文］

只要摆脱轻狂浅薄之心，便可达到道德的最高境界。汉唐以后的儒者，脱尽轻薄心的没有几个人。

1.025　恶恶太严，便是一恶；乐善甚亟，便是一善。

［译文］

对恶的东西痛恨过分，也是一种恶；对善的东西喜欢之极，也是一种善。

1.026　投佳果于便溺，濯而献之，食乎？曰：不食。不见而食之，病乎？曰：不病。隔山而指骂之，闻乎？曰：不闻。对面而指骂之，怒乎？曰：怒。曰：此见闻障也。夫能使见而食，闻而不怒，虽入黑海、蹈白刃可也。此炼心者之所当知也。

［译文］

有人问：“把美味的果子投到粪便中，然后洗干净献给别人，人家会吃吗？”回答说：“不吃。”又问：“如果掉入粪中的情景没有人看到，就会吃，吃了以后心里会觉得不舒服吗？”回答说：“不会。”“隔着山指名骂人，能听到吗？”回答说：“听不到。”“如果当面指人谩骂，会发怒吗？”回答说：“会的。”我认为这就是见和闻造成的障碍。如果看见果子掉在粪便中，洗干净还敢吃，听到别人对面骂自己还不发怒，这样的人即使上刀山下火海也会面不改色。对于这一点，修身养性的人是应当知道的。

1.027　属纩之时，般般都带不得，惟是带得此心，却教坏了，是空身归去矣，可为万古一恨。

［译文］

人死去的时候，什么东西都带不走，只能带走自己的这颗心灵，如果这颗心灵都受到损伤了，那么将空身归去，这真是万古的遗憾了。

1.028　“暮夜无知”，此四字百恶之总根也。人之罪莫大于欺，欺者，利其无知也。大奸大盗，皆自无知之心充之。天下大恶只有二种：欺无知，不畏有知。欺无知，还是有所忌惮心，此是诚伪关；不畏有知，是个无所忌惮心，此是死生关。犹知有畏，良心尚未死也。

［译文］

“暮夜无知”，这四字是一切罪恶的根源。人的罪恶莫大于欺骗，所谓欺骗，就是利用了对方不知道。大奸大盗都是从无知之心发展来的。天下最大的恶行有两种：欺骗无知的人，不怕有人知的人。欺骗无知的人，心中还有所畏惧，因此这只是真诚与虚伪的问题。不怕有人知的人，心里就毫无顾忌，也就是肆无忌惮，这可是个生死攸关的问题了。如果知道尚有所畏惧的东西，那就说明良心还没有完全泯灭。

1.029　只大公了，便是包涵天下气象。

［译文］

只要有了大公这种品德，就有了包涵天下的气象。

1.030　古人也算一个人，我辈成底是甚么人？若不愧不奋，便是无志。

［译文］

古代的人也算是一个人，我辈要成为一个什么样的人？如果还不感到惭愧，不奋发图强，那就是太没有志气了。

1.031　圣狂之分，只在苟不苟两字。

［译文］

至圣和轻狂的分别，只在认真与不认真上面。

1.032　恕心养到极处，只看得世间人都无罪过。

［译文］

宽容心修养到极点，只看得世间人都无罪过。

1.033　说不得真知明见，一些涵养不到，发出来便是本象，仓卒之际，自然掩护不得。

［译文］

不要自以为无所不知，只要有一点涵养不到，表现出来的便是本来面目。这真面目在仓促之际，自然不能掩饰。

1.034　忧世者与忘世者谈，忘世者笑；忘世者与忧世者谈，忧世者悲。嗟夫！六合骨肉之泪，肯向一室胡越之人哭哉！彼且谓我为病狂，而又安能自知其丧心哉！

[译文]

忧国忧民的人与超然世外的人谈自己的想法，超然世外的人会觉得好笑；超然世外的人向忧国忧民的人谈自己的想法，忧国忧民的人会觉得可悲。唉！天底下骨肉至亲之人的眼泪，怎么能向那些同处一室而满是胡越、蛮夷之人去哭诉呢？如果那样的话，那些人会以为你是生病了或发疯了，他哪里又会知道自己丧失了人心呢？

1.035　“得”之一字，最坏此心。不但鄙夫患得、年老戒得为不可。只明其道而计功，有事而正心，先事而动得心，先难而动获心，便是杂霸杂夷。一念不极其纯，万善不造其极，此作圣者之大戒也。

[译文]

“得”这个字最坏人心。不只鄙陋浅薄的人会计较得失，即使让老年人警戒得失，也是做不到的。如果做事合乎道而计较功利，遇到事先端正用心，事之前先有了得心，事情难做先有了获取心，便是用心不纯。一个念头不是纯而又纯，万种善事就不是善而又善。这是想要成为圣人的大戒。

1.036　充一个公己公人心，便是胡越一家；任一个自私自利心，便是父子仇雠。天下兴亡，国家治乱，万姓死生，只争这个些子。

[译文]

只要有一个公平对待自己、公平对待别人之心，天下便会亲如一家；如果有一个自私自利之心，即使父子也会成为仇人。天下兴亡，国家治乱，万姓生死，都和这些有关。

1.037　为人辨冤白谤，是第一天理。

[译文]

挺身为别人辨别冤屈洗清诽谤，是第一天理。

1.038　沉静非缄默之谓也。意渊涵而态闲正，此谓真沉静。虽终日言语，或千军万马中相攻击，或稠人广众中应繁剧，不害其为沉静，神定故也。一有飞扬动扰之意，虽端坐终日，寂无一语，而色貌自浮。或意虽不飞扬动扰，而昏昏欲睡，皆不得谓沉静。真沉静底自是惺憁[1]，包一段全副精神在里。

[注释]

①惺憁：清醒、警觉。

[译文]

沉静并非就是缄默的同义语，内心深沉有涵养而仪态娴雅，这才是真正的沉静。这样的人虽然天天讲话，或者在千军万马中去出击，或在稠人广众中忙应酬，也不失为沉静，这是因为神定的缘故。一旦有了飞扬动扰的心思，即使终日端坐，寂无一语，神色面貌自然会表现出来。或者是没有飞扬动扰的心思，但昏昏欲睡，也不能叫做沉静。真正沉静的人自然是清醒警觉的，内心一定是精神饱满的。

1.039　室中之斗，市上之争，彼所据各有一方也。一方之见皆是己非人，而济之以不相下之气，故宁死而不平。呜呼！此犹愚人也。贤臣之争政，贤士之争理亦然。此言语之所以日多，而后来者益莫知所决择也。故为下愚人作法吏易，为士君子所折衷难，非断之难，而服之难也。根本处在不见心而任口，耻屈人而好胜，是室人市儿之见也。

[译文]

家中的争斗，市井的争闹，都是双方各持己见，认为自己正确，对方错误，再加上不愿认输的气势，所以宁死也不愿平息争端。唉！这就是愚蠢的人啊！即便贤臣为了政见而争，贤士为了真理而争，也是如此。争来争去，这就使双方所讲的理由越来越多，也使后来的人无所适从。所以为普通人判断是非很容易，为士君子评判是非就很难。这不是判断是非难，而是使他们心服难。这其中根本的原因是不了解他的内心，只能听他的语言，而他们又耻于认输而争强好胜，这真是世俗之子和市井小儿的见识啊！

1.040　知识，帝则之贼也。惟忘知识以任帝则，此谓天真，此谓自然。一着念便乖违，愈着念愈乖违，乍见之心歇息一刻，别是一个光景。

[译文]

知识，是危害自然法则的东西，只有忘记了知识，按自然法则行事，这才是天真，才是自然。一有了固定的想法便要乖离自然法则，愈执著愈乖离。刚看见一个事物，稍冷静一下，便又是一番光景。

1.041　或问："虚灵"二字如何分别？曰：惟虚故灵。顽金无声，铸为钟磬则有声；钟磬有声，实之以物则无声。圣心无所不有而一无所有，故感而遂通天下之故。

[译文]

有人问："虚""灵"二字如何分别？我回答说：只有虚才能灵。没经过铸造的金属不会发声，铸为钟磬敲打则会发声；钟磬会发声，如果里面塞满了东西则不会发声。圣人的心无所不有又一无所有，所以能感通天下所有的事物。

1.042　学者不在自家心上做工夫，只在人心做工夫便错。此心常要适，虽是忧勤惕励中困穷抑郁际，也要有这般胸次。

[译文]

做学问的人如果不在自己身心修养上下工夫，只是在别人修养上下工夫就大错特错了。自己的心要经常平和，即使在忧勤惕励之中和困穷抑郁之际，也要具有这样的胸襟。

1.043　不怕来浓艳，只怕去沾恋。

[译文]

不怕浓妆艳抹的女子，就怕去沾惹她、留恋她。

1.044　原不萌芽，说甚生机？

[译文]

原本还没有发芽，怎能说它生机勃勃呢？

1.045　用三十年心力，除一个“伪”字不得。或曰：君尽尚实矣。余曰：所谓伪者，岂必在言行间哉？实心为民，杂一念德我之心便是伪；实心为善，杂一念求知之心便是伪；道理上该做十分，只争一毫未满足便是伪；汲汲于向义，才有二三心便是伪；白昼所为皆善，而梦寐有非僻之干便是伪；心中有九分，外面做得恰象十分便是伪。此独觉之伪也，余皆不能去，恐渐溃防闲，延恶于言行间耳。

[译文]

我用了三十年的心血和气力，想除掉一个“伪”字而不可得。有人说：“你已经很实在了。”我说：“所谓‘伪’，难道一定表现在言谈举止上吗？实心实意为了老百姓，心中只掺杂了一点想让人感恩戴德的杂念便是伪；实心实意去施善，只掺杂了一点想让世人知道的念头便是伪；按道理应该做十分的事，只差一毫没有做好便是伪；时刻讲求正义，偶有一点三心二意便是伪。白天所做的都是善事，而在梦中做了非分的事便是伪。心里只有九分，可是外表做的却像十分便是伪。这是我个人感觉到的内心伪，我自己也难以摒弃。这些如果都克服不掉的话，恐怕会逐渐扩散而冲破我的防范，以致伪就会在言行之中表现出来了。”

1.046　人生在天地间，无日不动念，就有个动念底道理；无日不说话，就有个说话底道理；无日不处事，就有个处事底道理；无日不接人，就有个接人底道理；无日不理物，就有个理物底道理。以至怨怒笑歌、伤悲感叹、顾盼指示、咳唾涕洟、隐微委曲、造次颠沛、疾病危亡，莫不各有道理，只是时时体认，件件讲求。细行小物尚求合则，彝伦[①]大节岂可逾闲？故始自垂髫，终于属纩，持一个自强不息之心，通乎昼夜。要之，于纯一不已之地，忘乎死生。此还本归全之道，戴天履地之宜。不然恣情纵意而各求遂其所欲，凡有知觉运动者皆然，无取于万物之灵矣。或曰：有要乎？曰：有。其要只在存心。心何以存？曰：只在主静。只静了，千酬万应都在道理上，事事不错。

[注释]

①彝伦：常道。出自《尚书·洪范》“我不知其彝伦攸叙”。

[译文]

人生天地间，每天都在思考，这就要有个思考的道理；每天都在说话，这就有一个说话的道理；每天都要处事，这就要有个处事的道理；每天都要与别人交往，这就要有个结交人的道理；每天都要处理事物，这就要有个处理事物的道理。以至于怨怒笑歌、伤悲感叹、顾盼指示、咳唾涕洟、隐微委曲、仓促颠沛、疾病危亡，每每都有各自的道理，所以要时时体认，件件讲求。细小的事物尚且要求合乎客观规律，何况天地人的常道这样的大节，哪能够草率行事呢？所以从儿童时期开始，直到死时，白天黑夜，都要有一个自强不息之意志，要忘却生死，使自己处在一个纯粹至善的境地。这是一个人从生到死做人的道理，这是做一个顶天立地的人的原则。如果不这样，恣情纵意，每人都要求实现自己的欲望，这是有知觉的动物的本能，作为人也如此的话，就称不上万物之灵了。有人问："有没有什么要领呢？"我回答说："有，其要领只在修身养性。""怎么修身养性？"我回答说："主要在静怡，只要达到静怡的境界了，一切都会合乎道理，事事都不会错。"

1.047　一念孳孳，惟善是图，曰正思。一念孳孳，惟欲是愿，曰邪思。非分之福，期望太高，曰越思。先事徘徊，后事懊恨，曰萦思。游心千里，岐虑百端，曰浮思。事无可疑，当断不断，曰惑思。事不涉己，为他人忧，曰狂思。无可奈何，当罢不罢，曰徒思。日用职业，本分工夫，朝惟暮图，期无旷废，曰本思。此九思者，日用之间，不在此则在彼。善摄心者，岂惟本思乎！身有定业，日有定务，暮则省白昼之所行，朝则计今日之所事，念兹在兹，不肯一事苟且，不肯一时放过，庶心有着落，不得他适，而德业日有长进矣。

［译文］

每产生一个念头，都是孳孳向善之意，叫正思。每产生一个念头，都想实现自己的欲望，叫邪思。非分之福，期望太高，叫越思。事前踟蹰不定，事后悔恨，叫萦思。想入非非又顾虑万千，叫浮思。事无可疑，当断不断，叫惑思。事不涉己，为他人忧，叫狂思。无可奈何，当罢不罢，叫徒思。对自己日常生活、自己的职业、本身的道德修养，朝思暮想，希望不要旷废，叫本思。这九思就存在于人们的日常生活之中。善于修身养性的人，大概就在于本思。本身有固定的职业，每天有固定的任务，夜晚则反省白天做的一切，清晨则盘算当天该做什么事，想着这件事就干这件事，不肯一事马虎，不肯一时放松，这样心境才会有着落。不会想那些与自己毫不相干的事，德业才能日渐长进。

1.048　耳目之玩，偶当于心，得之则喜，失之则悲，此儿女之常态也。世间甚物与我相关，而以得喜、以失悲耶？圣人看得此身亦不关悲喜，是吾道之一囊橐[①]耳。爱囊橐之所受者，不以囊橐易所受，如之何以囊橐弃所受也？而况耳目之玩又囊橐之外物乎！

［注释］

①囊橐：口袋。

［译文］

赏心悦目之事，偶尔心中喜欢，得到了就高兴，失去了就悲伤，这是小孩子和女人的常态。世间什么事物与我相关，而能让我得到就高兴，失去就悲伤呢？圣人认为自己和悲喜没有任何关系，身体只不过是载道的一个口袋而已。喜欢袋子中装载的东西，就不会因为袋子来变换这些东西，怎么能为了这个袋子而丢弃装载的东西呢？况且赏心悦目的东西不过是身外之物而已！

1.049　道义心胸发出来，自无暴戾气象，怒也怒得有礼。若说圣人不怒，圣人只是六情？

［译文］

道义是发自内心的，就不会有粗暴强横的征象，即使发怒也怒不失礼。如果说圣人不发怒的话，那岂不是说圣人的感情有欠缺，七情中少了一个呢？

1.050　定静安虑，圣人胸中无一刻不如此。或曰：喜怒哀乐到面前何如？曰：只恁喜怒哀乐，定静安虑胸次无分毫加损。

［译文］

心情平静，思虑安稳，圣人心中没有一刻不是这样的。有人问：假如喜怒哀乐到了面前会怎么样呢？我回答说：任凭怎样的喜怒哀乐，我那定静安稳的心胸也不会为其所动。

伦　理

1.051　爵禄恩宠，圣人未尝不以为荣，圣人非以此为加损也。朝廷重之以示劝，而我轻之以示高，是与君忤也，是穷君鼓舞天下之权也。故圣人虽不以爵禄恩宠为荣，而未尝不荣之，以重帝王之权，以示天下帝王之权之可重，此臣道也。

［译文］

爵禄恩宠，圣人未尝不以为荣耀，但圣人不认为爵禄恩宠对自己的地位会有什么提高和贬低。朝廷重视爵禄恩宠，是以此表示鼓励；而我轻视爵禄恩宠，是为了表示清高。这与君主的意思是相违背的，这样做只能削弱君主统治天下的权力。所以圣人虽不以得到爵禄恩宠为荣，也从来不曾不以爵禄恩宠为荣耀，以此来加重君主的权威，表示普天之下君主权力的重要，这就是为臣之道。

1.052　孝子之事亲也，上焉者先意，其次承志，其次共命。共命则亲有未言之志不得承也，承志则亲有未萌之意不得将也，至于先意而悦亲之道至矣。或曰：安得许多心思能推至此乎？

曰：事亲者，以悦亲为事者也。以悦亲为事，则孳孳皇皇[①]无以尚之者，只是这个念头。亲有多少意志，终日体认不得？

［注释］

①孳孳皇皇：孳孳，勤勉不懈。皇皇，同“惶惶”，匆忙貌。

［译文］

孝顺的子女侍奉父母，最好的是能先领会到父母的心意，其次是能秉承父母的意愿，再次是听话。光做到听话，那父母有没讲出的心愿就无法秉承；光做到秉承父母的心愿，那父母有未能明确表示的意愿就不能猜出来。至于事先能领会到父母的意愿，才是最使父母高兴的办法了。有人说：哪有那么多的心思来推想父母的意愿呢？回答说：侍奉父母，就是要让父母感到高兴。只有为了让父母高兴，勤勉不懈追求的才不是其他东西，心里想的只是父母的意愿。父母亲能有多少意愿？终日不停地体会能不知道吗？

1.053　门户可以托父兄，而丧德辱名非父兄所能庇。生育可以由父母，而求疾蹈险非父母所得由。为人子弟者，不可不知。

［译文］

门户可以托付给父兄来支撑，但做了丧德辱名的事情，就不是父兄所能庇护的了。生养依靠父母，但自己生了疾病、铤而走险则不是父母所能左右的。为人子女，不可不知道这一点。

1.054　继母之虐，嫡妻之妒，古今以为恨者也。而前子不孝，丈夫不端，则舍然不问焉，世情之偏也久矣。怀非母之迹而因以生嫌，借恃父之名而无端造谤，怨讟[①]忤逆，父亦被诬者，世岂无耶？恣淫狎之性而恩重绿丝[②]，挟城社之威而侮及黄里[③]，《谷风》《柏舟》妻亦失所者，世岂无耶？惟子孝夫端，然后继母嫡妻无辞于姻族矣。居官不可不知。

[注释]

①谇：怨言。②绿丝：代指年轻女子。③黄里：代指嫡妻，出自《诗经·邶风·绿衣》。

[译文]

继母虐待后夫子女，正妻嫉妒婢妾，古往今来都认为是可恨的事。但前夫的子女不孝，丈夫的品德不端，则很少有人过问，世上人情的偏袒看来也很长久了。前夫之子心中认为后母不是自己的生母，因而与后母之间产生嫌隙，依仗着父亲的名义无端地造谣诽谤，口出怨言，行为忤逆，连父亲也受到侮蔑，难道世上还少吗？有的丈夫淫狎成性，喜新厌旧，宠爱那些年轻美貌的女子，依仗自己掌握着一定的权势而侮辱延及嫡妻。《诗经》中《谷风》《柏舟》篇中描写的妻子就是失去丈夫欢心的人，这样的事情难道世上没有吗？唯独儿子孝顺，父亲端正，继母和嫡妻则在亲朋好友面前再也没有什么可说的了。当官的人不可不知道这一点。

1.055　闺门之中少了个礼字，便自天翻地覆，百祸千殃、身亡家破皆从此起。

[译文]

闺门之中少了个“礼”字，便会天翻地覆。百祸千殃、身亡家破，都是少“礼”引起的。

1.056　责人到闭口卷舌、面赤背汗时，犹刺刺不已，岂不快心？然浅隘刻薄甚矣。故君子攻人不尽其过，须含蓄以余人之愧惧。令其自新，方有趣味，是谓以善养人。

[译文]

责备别人到了哑口无言、面红耳赤、汗流浃背的时候，仍然数落不已，这样是不是很痛快？实际上这也浅隘刻薄得过分了。所以君子责备人，不会揭尽别人的短处，必须以含蓄的口吻，留有余地，让人愧悔警惧，令其改过自新，才有意义，这就叫做以善良的心帮助人。

1.057　恩礼出于人情之自然，不可强致。然礼系体面，犹可责人；恩出于根心，反以责而失之矣。故恩薄可结之使厚，恩离可结之使固，一相责望，为怨滋深。古父子兄弟夫妇之间，使骨肉为寇仇，皆坐责之一字耳。

［译文］

恩德和礼貌出于人情之自然，不可强求。然礼数关系着脸面，还可以要求别人做到；而恩德却源于内心，强要人做到就不妥了。所以恩义欠缺可以加厚，恩义离散可以加固，可一旦因责备无已而形成怨恨，就会怨恨日深。古代父子、兄弟、夫妇之间，骨肉成为寇仇，都是犯了“责”这一个字。

1.058　宋儒云：宗法明而家道正。岂惟家道？将天下之治乱，恒必由之。宇宙内无有一物不相贯属、不相统摄者。人以一身统四肢，一肢统五指。木以株统干，以干统枝，以枝统叶。百谷以茎统穗，以穗统稃[①]，以稃统粒。盖同根一脉，联属成体，此操一举万之术，而治天下之要道也。天子统六卿，六卿统九牧，九牧统郡邑，郡邑统乡正，乡正统宗子。事则以次责成，恩则以次流布，教则以次传宣，法则以次绳督，夫然后上不劳下不乱而政易行。自宗法废而人各为身，家各为政，彼此如飘絮飞沙，不相维系，是以上劳而无要领可持，下散而无脉络相贯，奸盗易生而难知，教化易格而难达。故宗法立而百善兴，宗法废而万事弛。或曰：宗子而贱而弱而幼而不肖，何以统宗？曰：古之宗法也，如封建，世世以嫡长，嫡长不得其人，则一宗受其敝。且豪强得以豚鼠视宗子而鱼肉孤弱，其谁制之？盖有宗子又当立家长。宗子以世世长子孙为之，家长以阖族之有德望而众所推服能佐宗子者为之，胥[②]重其权而互救其失。此二者，宗人一委听焉，则有司有所责成，而纪法易于修举矣。

［注释］

①稃：谷穗的皮壳。②胥：相互。

［译文］

宋儒说："宗法明则家道正。"岂只是家道，天下是治理还是混乱，关键都在于宗法是否明晰。宇宙内无一物没有统属或是统摄的。人以身体统摄四肢，每一肢又统领五指。树木以根统领树干，以干统领树枝，以树枝统领树叶。百谷以茎统领谷穗，以穗统稃，以稃统粒。这些都是同根一脉，联属成体，这种举一反三的方法，也是治理天下的要诀。天子统率六卿，六卿统率九牧，九牧统率郡邑，郡邑统率乡正，乡正统率宗子。事情以次序办理，恩德以次序下达，教化以次序传宣，法则以次序绳督，这样上不劳、下不乱，而且政策法度易于推行。自从宗法制度废除，人各为身，家各为政，彼此如飞沙飘絮，风马牛不相及，因此在上者劳累而没有要领可以把握，在下者一盘散沙而无脉络相连，奸盗容易发生而难于觉察，教化容易被阻遏而难于下达。所以宗法立而百善兴，宗法废而万事弛。有人问：宗子贫贱病弱，年幼又没有德行，怎么能统领一宗呢？回答说：古代的宗法制，和古代的分封土地爵位、在封地建立邦国是一样的，世世以嫡长子为宗子，嫡长子没有才能，一宗都要受影响。如果豪强大族把宗子看成猪鼠之辈而加以欺凌，又有谁能制止呢？所以有了宗子还应当立家长。宗子以世世代代的长孙担任，而家长以在全族中德高望重、众人佩服而又能帮助宗子的人担任，都让他们有权，而又能互相匡正对方的失误。这两个人，一宗的人都要听从他们的统领，这样官府交给的任务容易完成，纲纪法度也容易遵守推行。

1.059 “母氏圣善，我无令人”，孝子不可不知。“臣罪当诛兮，天王圣明”，忠臣不可不知。

[译文]

“母氏圣善，我无令人”，这句话是说：母亲聪慧贤良，我却是个没有才德的人，不能报答母亲。孝子应牢记这句话。“臣罪当诛兮，天王圣明”，意思是说：作为臣下没有尽到责任，其罪当死，但君主是圣明的。忠臣应牢记这句话。

1.060 士大夫以上有祠堂、有正寝、有客位。祠堂有斋房、神库，四世之祖考居焉，先世之遗物藏焉，子孙立拜之位在焉，牺牲鼎俎盥尊之器物陈焉，堂上堂下之乐列焉，主人之周旋升降由焉。正寝吉礼[①]则生忌[②]之考妣[③]迁焉，凶礼[④]则尸柩停焉，柩前之食案香几衣冠设焉，朝夕哭奠之位容焉，柩旁床帐诸器之陈设、五服之丧次、男女之哭位分焉，堂外吊奠之客、祭器之罗列在焉。客位，则将葬之迁柩宿焉，冠礼之曲折、男女之醮位、宾客之宴飨行焉。此三所者，皆有两阶，皆有位次，故居室宁陋，而四礼之所断乎其不可陋。近见名公有以旋马[⑤]容膝[⑥]、绳枢瓮牖为清节高品者，余甚慕之，而爱礼一念甚于爱名，故力可勉为，不嫌宏裕，敢为大夫以上者告焉。

[注释]

①吉礼：古代五礼之一，即祭礼。②生忌：生日和忌日。③考妣：父母。④凶礼：古代五礼之一，即丧礼。⑤旋马：掉转马头，形容地方小。⑥容膝：立足之地。

[译文]

士大夫以上的人家，有祠堂、有正寝、有客位。祠堂又有斋房，有神库，四代的祖先供奉在里面，先世的遗物收藏在里面，子孙立拜的位置在里面，祭祀的牲礼、锅碗瓢盆等日常生活用品也摆放在里面，堂上堂下的乐器放置在里面，东家进出、上下、举行各种祭祀活动都很方便。正寝，吉礼用来祭祀死去的父母的生日、忌日，凶礼，则将尸柩停放在这里，柩前摆放食案、香几、衣帽，还设有儿孙早晚哭奠的地方，柩旁还陈设床帐等卧具。穿五种丧服的亲属、男女的哭位分设，堂外还设有前来吊祭的客人休息的处所、祭器摆放的地方。客位，则是把将要举行葬礼的棺柩停放在里面；男女举行冠礼、男女的婚礼、宴飨宾客也在这里。祠堂、正寝、客位三个处所，都有两阶，有位次，居室宁可简陋，而举行冠婚丧祭四种典礼决不可马虎。近来见一些有名望的公卿，认为家中这些处所简陋狭小能说明自己品德清廉高尚，我也很敬慕这些人士，但我爱礼甚于爱名，所以自己的力量如果能勉强可以做到的话，我家中举行四礼的地方就会修建得高大宽敞一些。我乐意把我的做法告诉士大夫以上的人士。

1.061　朝廷之上，纪纲定而臣民可守，是曰朝常。公卿大夫百司庶官各有定法，可使持循，是曰官常。一门之内，父子兄弟、长幼尊卑各有条理，不变不乱，是曰家常。饮食起居、动静语默，择其中正者守而勿失，是曰身常。得其常则治，失其常则乱。未有苟且冥行而不取败者也。

[译文]

在朝廷上，国家的法律制度制定好了，臣民就有法制遵守，这叫做朝常。公卿大夫、朝廷百官各有定法可以依循，这叫做官常。一家之内，父子兄弟、长幼尊卑各有规矩，不变不乱，这叫做家常。饮食起居、动静语默，选择中道而行，守中正而不偏斜，这叫做身常。按照常道行动就会有条理，违反了常道就会混乱。没有懒散昏庸而不失败的。

1.062　人心喜则志意畅达，饮食多进而不伤，血气冲和而不郁，自然无病而体充身健，安得不寿？故孝子之于亲也，终日乾乾，惟恐有一毫不快事到父母心头。自家既不惹起，外触又极防闲，无论贫富贵贱、常变顺逆，只是以悦亲为主，盖悦之一字，乃事亲第一传心口诀也。即不幸而亲有过，亦须在悦字上用工夫。几谏积诚，耐烦留意，委曲方略，自有回天妙用。若直诤以甚其过，暴弃以增其怒，不悦莫大焉，故曰不顺乎亲不可以为子。

［译文］

人的心情好，情绪则畅快，食欲很高而不会郁积，血气通和而不会郁结，身体康健而自然不会生病，怎么会不长寿呢？所以孝子对待父母，要时刻加以注意，千万不要有一丝一毫不快乐的事情烦扰父母。自己既不惹父母不快，又要防备意外的事物惹得父母不快。无论贫富贵贱、常变顺逆，只是以悦亲为主要目的。“悦”这个字，是侍奉亲人的第一要诀，即使父母有了过错，也要在“悦”字上下工夫，耐心诚恳地劝说、想方设法、委曲求全，自然有效果。如果直截了当加深其过错，脾气粗暴增加其恼怒，那样就会使父母更加生气，所以说不能顺着父母的心意行事就当不好儿女。

1.063　郊社，报天地生成之大德也。然灾沴有禳，顺成有祈，君为私田则仁，民为公田则忠，不嫌于求福，不嫌于免祸。子孙之祭先祖，以追养继孝也。自我祖父母以有此身也，曰赖先人之泽以享其余庆也，曰吾朝夕奉养承欢，而一旦不复献杯棬，心悲思而无寄，故祭荐以伸吾诚也。曰吾贫贱不足以供菽水，今鼎食而亲不逮，心悲思而莫及，故祭荐以志吾悔也。岂为其游魂虚位能福我而求之哉？求福已非君子之意，而以一饭之设，数拜之勤，求福于先人，仁孝诚敬之心果如是乎？不谋利，不责报，不望其感激，虽在他人犹然，而况我先人乎？《诗》之祭必言福，而《楚茨》诸诗为尤甚，岂可为训耶？吾独有取于《采蘩》《采蘋》二诗，尽物尽志，以达吾子孙之诚敬而已，他不及也。明乎此道，则天下万事万物皆尽我所当为，祸福利害皆听其自至。人事修而外慕之心息，向道专而作辍之念忘矣。何者？明于性分而无所冀幸也。

［译文］

祭祀天地，目的是为了报答天地生成万物的大德。然而人们经常用祈祷的方法来消除灾害，用祭祀的方法来祈求丰年。国君如果是为了百姓的田地丰收而祈祷，这就是仁；百姓是为了国家而努力种田，这就是忠。有了正当的理由，就不怕别人说是为了求福，也不怕说是为了免祸。子孙祭奠祖先，是为了追念祖先的养育之恩，表达自己的孝心。有了我的先祖以至于我的父母，才有了我的身体，我是依靠先人的恩泽才享受到今天的福分。我朝夕奉养着双亲，一旦不能再向他们进献食物表达我的孝心，心中悲伤且无所寄托，所以就用祭祀的方法来表达我对父母和先人的思念之情。从前我很贫穷，不能供给父母好的食物，现在我富有了而父母却没有赶上，我心中悲伤思念而无法弥补，所以就用祭祀来表达我的悔恨。哪里是为了父母的灵魂能给我降福才去祈求的呢？只是为了求福已不是君子应有的心肠，却以摆一些祭品，拜上几拜，来向先人求福，仁孝诚敬的心是这样吗？不谋利，不求报，不企望别人感激，对待他人都是如此，何况是我的先人呢！《诗经》中谈到祭祀的文章必然讲到福，在《楚茨》等篇中尤其如此，这种主张岂能为训！

我独取《采蘩》《采蘋》两首诗，它描写的祭祀，是物尽其用，人尽其志，以表达子孙的诚敬为目的，其他的就不涉及了。明白了这个道理，就会做到对待天下的万事万物都能尽到我所应该做的，而祸福利害则听其自然。只想着努力做事，其他的念头就会消失；只专心按照自然的规律去做，不想做的想法就会断绝。为什么呢？是因为明白了哪些是我本分中应该做的，而不去希望侥幸地获得意外的收获。

1.064 友道极关系，故与君父并列而为五，人生德业成就，少朋友不得。君以法行，治我者也；父以恩行，不责善者也。兄弟怡怡，不欲以切偲[①]伤爱。妇人主内事，不得相追随规过。子虽敢诤，终有可避之嫌。至于对严师，则矜持收敛而过无可见；在家庭，则狎昵亲习而正言不入。惟夫朋友者，朝夕相与，既不若师之进见有时，情礼无嫌，又不若父子兄弟之言语有忌。一德亏而友责之，一业废而友责之，美则相与奖劝，非则相与匡救。日更月变，互感交摩，骎骎[②]然不觉其劳且难，而入于君子之域矣。是朋友者，四伦之所赖也。嗟夫！斯道之亡久矣！言语嬉媟[③]，樽俎[④]妪煦[⑤]，无论事之善恶，以顺我者为厚交；无论人之奸贤，以敬我者为君子。蹑足附耳，自谓知心；接膝拍肩，滥许刎颈。大家同陷于小人而不知，可哀也已。是故物相反者相成，见相左者相益。孔子取友曰“直”“谅”“多闻”，此三友者，皆与我不相附会者也，故曰益。是故得三友难，能为人三友更难。天地间不论天南地北、缙绅草莽，得一好友，道同志合，亦人生一大快也。

［注释］

①切偲：切磋、督促。②骎骎：马速行貌，意为急速。③嬉媟：嬉，玩笑；媟，亵。④樽俎：盛酒食的器皿。⑤妪煦：好色貌。

[译文]

朋友之道，关系极为重大，所以与君臣、父子等并列为五伦。人生若要成其功名事业，就离不开朋友。国君依法行事，是管治我们的人。父亲以慈爱行事，不谴责儿子行善。兄弟之间和和乐乐，不会因切磋督促而伤害手足之情。妻子操持家务，不能跟随在丈夫的身边规劝改过，子女虽然敢于争辩，终究有避免不孝之嫌。至于面对严师，则会矜持收敛，不会让严师发现自己的过错。在家中，因太过亲密，很难严肃地谈话。只有朋友在一起，朝夕相处，既不像在老师面前，见面有一定的时间，也不会像父子兄弟那样言语有忌。如果一有品德亏欠，朋友就会责备；一旦事业废辍，朋友就会规劝。好事就会相互劝勉，坏事就会相互纠正。时间长了，互相感染切磋，浑然不觉有什么劳累和困难，这样就自然而然地进入君子之交的境界了。所以说，朋友之道是其他四伦的基础。唉！这种朋友的交往已不多见了！现在朋友见面不是开开玩笑，就是吃吃喝喝，不管事情对错，顺着我的就是好朋友；不管人好坏，只要尊敬我的就是好人。成天在一起嘀嘀咕咕，自认为知心；勾肩搭背，胡乱承许为生死之交。大家一同陷入小人的行列而不自知，真是可悲啊！所以物相反才能相成，意见不一致才能取长补短。孔子认为，朋友之道是“直”“谅”“多闻”，就是正直、信实、见闻广博，这三种朋友，都不会随声附和，所以能对我有帮助，但能得到这三种朋友却很难，能成为别人这样的朋友更难。人世间不论天南地北、缙绅草莽，得一知心朋友，志同道合，真是人生一大乐事。

谈　道

1.065　庙堂之乐，淡之至也。淡则无欲，无欲之道与神明通。素之至也。素则无文，无文之妙与本始通。

[译文]

庙堂中的礼乐，听起来清淡到了极点。淡则无欲，无欲的境界与神明相通。也是朴素到了极点。朴素就不会华丽，不华丽的妙处就与本源相通。

1.066　至道之妙，不可意思，如何可言？可以言皆道之浅也。玄而又玄，犹龙公亦说不破，盖公亦囿于玄玄之中耳。要说说个甚然，却只在匹夫匹妇共知共行之中，外了这个便是虚无。

[译文]

至道之妙，不可意想，怎能言传？可以言传的都是道的浅显之处。玄而又玄，老子也说不清，因为老子也囿于玄玄之中。要说个所以然来，只在一般人所共知共行的事物之中，离开了这些就无从谈起了。

1.067　除了个“中”字，更定道统不得。旁流之至圣，不如正路之贤人，故道统宁中绝，不以旁流继嗣，何者？气脉不同也。予尝曰：宁做道统家奴婢，不为旁流家宗子。

[译文]

如果没有个“中”字，就没有办法认识道的真谛。旁流最高的圣人，也不如正宗的贤人，所以道统宁可半途而断绝，也不能以旁流的理论来继承，为什么呢？因为气血经脉不同。我曾经说：宁可做道统家的奴隶，也绝不做旁流家的宗子。

1.068　“中”之一字，是无天于上，无地于下，无东南西北于四方。此是南面独尊道中底天子，仁义礼智信都是东西侍立，百行万善都是北面受成者也。不意宇宙间有此一妙字，有了这一个，别个都可勾销。五常、百行、万善但少了这个，都是一家货，更成甚么道理？

［译文］

“中”这个字，意思是上没有天，下没有地，四方无东南西北。它是处于南面中道称尊的天子，仁义礼智信在东西侍立，百行、万善都面北受教。没有想到宇宙间有这么一个妙字，有了这个字，别的什么都可以勾销。五常、百行、万善只要少了这个字，都会成为一样的东西，还成个什么世界，还有个什么道理？

1.069　愚不肖者不能任道，亦不能贼道。贼道全是贤智。后世无识之人不察道之本然面目，示天下以大中至正之矩，而但以贤智者为标的。世间有了贤智，便看底中道寻常，无以过人，不起名誉，遂薄中道而不为。道之坏也，不独贤智者之罪，而推崇贤智，其罪亦不小矣。《中庸》为贤智而作也，“中”足矣，又下个“庸”字，旨深哉！此难与曲局之士道。

［译文］

愚蠢没有才能的人不能担当道的重任，但也没有能力造异端邪说。造异端邪说的全是有才能的人。后世没有见识的人，不考察道的本来面目，不晓得大中至正是正宗的规则，反而以所谓“贤智者”的言论为标准。世间的“贤智者”，觉得中道很普通平常，没有过人之处，不能使人名声显赫，于是他们就看不起中道而不力行。中道的破坏不只是“贤智者”的罪过，推崇“贤智者”的人，其罪也不小。《中庸》就是为“贤智者”写的，“中”已经够了，又用个“庸”字，这个道理就难以和认识浅薄的人讲。

1.070　道者，天下古今共公之理，人人都有分底。道不自私，圣人不私道，而儒者每私之，曰“圣人之道”。言必循经，事必稽古，曰“卫道”。嗟夫！此千古之大防也，谁能决之？然道无津涯，非圣人之言所能限；事有时势，非圣人之制所能尽。后世苟有明者出，发圣人所未发而默契圣人欲言之心，为圣人所未为而吻合圣人必为之事，此固圣人之深幸而拘儒之所大骇也。呜呼！此可与通者道，汉唐以来鲜若人矣。

［译文］

所谓道，不过是贯穿天下古今的事理和规律，人人都有分。道本身不自私，圣人也不把道据为私有，而儒生每每把它据为私有，称作“圣人之道”，一说话必引经据典，行事必征引古代，美其名曰“卫道”。唉！这是从古到今的忌讳啊，谁能碰一碰呢？然而道无边无涯，不是圣人几句话所能限制的；事情有时势的变化，不是圣人制定的制度可以涵盖的。后世如果能出现一个明了这些道理的人，发圣人所未发，而和圣人想要说的话相契合；做圣人所未做，而和圣人想做的事相吻合，这本身就是圣人的大幸，但也会让迂阔偏狭的儒生大吃一惊。唉！这个道理可以和学识渊博、通情达理的人说，但汉唐以来这样的人简直太少了。

1.071　《易》道，浑身都是，满眼都是，盈六合都是。三百八十四爻，圣人特拈起三百八十四事来做题目，使千圣作《易》，人人另有三百八十四说，都外不了那阴阳道理。后之学者求易于《易》，穿凿附会以求通，不知《易》是个活的，学者看做死的；《易》是个无方体的，学者看做有定象的。故论简要，《乾》《坤》二卦已多了；论穷理，虽万卷书说不尽。《易》的道理，何止三百八十四爻！

［译文］

《易》中讲的道，无处不在，启眸即是，遍布四面八方。三百八十四爻，是圣人特地拈出三百八十四件事来做引子，假使让一千位圣人来写《易》，人人都会另有三百八十四种说法，但终究离不开阴阳的道理。后来的学者从《易》中寻求变化的道理，却用穿凿附会的方法以求道理能讲得通，不知《易》中讲的道理是活的，而学《易》的人把它看成死的了；《易》是个没有固定方位和形状的东西，学习的人却把它看成是有一定形体的。如果说简要，《乾》《坤》二卦已经多了；如果说穷尽，即使用一万卷书来解说也解说不尽。由此可见《易》的道理何止三百八十四爻！

1.072　五色胜则相掩，然必厚益之，犹不能浑然无迹。惟黑一染不可辨矣。故黑者，万事之府也，敛藏之道也。帝王之道黑，故能容保无疆；圣人之心黑，故能容会万理。盖含英采，韬精明，养元气，蓄天机，皆黑之道也，故曰“惟玄惟默”。玄，黑色也；默，黑象也。《书》称舜曰“玄德升闻”，老子曰“知其白，守其黑”，得黑之精者也。故外著而不可掩，皆道之浅者也。虽然，儒道内黑而外白，黑为体，白为用；老氏内白而外黑，白安身，黑善世。

［译文］

五色（青黄赤白黑）过浓则会相互遮盖，就是多涂抹几层，也不能做到浑然一色，一点痕迹不留。只有用黑色轻轻一染，就看不见别的颜色了。所以说，“黑”，是万事聚集之处，是万物收敛隐藏之道。帝王之道“黑”，所以能囊括四海；圣人的心胸“黑”，所以能融会万理。精粹的内容，精诚的蕴涵，元气的培养，天机的蕴藏，都是“黑”之道，所以说，“惟玄惟默”。玄，就是黑的颜色；默，就是黑的形象。《尚书》称赞舜“玄德升闻”，意思是说道德幽深，名声达于天地，遂被任用。老子说“知其白，守其黑”，是得到了“黑”的精髓。所以显露而不知掩藏，说明道很浅。虽然如此，儒道是内黑而外白，黑为体，白为用；老子是内白而外黑，白是安身立命，黑是善于处世。

1.073　道在天地间，不限于取数之多，心力勤者得多，心力衰者得少，昏弱者一无所得。假使天下皆圣人，道亦足以供其求。苟皆为盗跖，道之本体自在也，分毫无损。毕竟是世有圣人，道斯有主；道附圣人，道斯有用。

[译文]

道存在于天地之间，不限制人取多少，勤奋的人得到的多，懒惰的人得到的少，昏弱者一无所得。假使天下都是圣人，道也足以供这些人求取；如果都是盗跖，道的本体也自会存在，并不会有一分一毫的损伤。毕竟世代都有圣人出现，道才有了主人；道为圣人所识，就有了它的作用。

1.074　或问：中之道，尧舜传心，必有至玄至妙之理？余叹曰：只就我两人眼前说这饮酒，不为限量，不至过醉，这就是饮酒之中。这说话，不缄默，不狂诞，这就是说话之中。这作揖跪拜，不烦不疏，不疾不徐，这就是作揖跪拜之中。一事得中，就是一事的尧舜，推之万事皆然。又到那安行处，便是十全的尧舜。

[译文]

有人问："中之道，尧舜等圣人代代相传，必然有至玄至妙的道理吧？"我感叹说："就说我们二人眼前饮酒这件事，不限制酒量，也不至于喝醉，这就是饮酒之中。我们现在说话，不缄默，不狂诞，这就是说话之中。作揖跪拜，不烦不疏，不疾不徐，这就是作揖跪拜之中。一件事得以持中，这件事做的像尧舜一样，以此类推，万事同理。如果到那无所要求而又安然行事的程度，那就完全像尧舜了。"

1.075　形神一息不相离，道器一息不相无，故道无精粗，言精粗者妄也。因与一客共酌，指案上罗列者谓之曰：这安排必有停妥处，是天然自有底道理。那童仆见一豆上案，将满案樽俎东移西动，莫知措手。那熟底入眼便有定位，未来便有安排，新者近前，旧者退后，饮食居左，匙箸居右，重积不相掩，参错不相乱，布置得宜，楚楚齐齐。这个是粗底，若说神化性命不在此，却在何处？若说这里有神化性命，这个工夫还欠缺否？推之耕耘簸扬之夫，炊爨烹调之妇，莫不有神化性命之理，都能到神化性命之极。学者把神化性命看得太玄，把日用事物看得太粗，原不曾理会。理会得来，这案上罗列的、天下古今万事万物都在这里，横竖推行，扑头盖面，脚踏身坐底都是神化性命。乃知神化性命极粗浅底。

［译文］

形与神一刻也不能分离，道和器一刻不可分开，所以说道无精粗，说有精粗的人是无知的。因为同一位客人饮酒，我就指着桌上的菜肴对客人说："这种安排必然有它的妥当之处，自有它天然的道理。"那童仆见一盘菜端上来，就将满桌的盘碗东挪西摆，不知如何安排才好。而熟悉此道的人，一看到菜端上来便会放置在一定的位置上，菜还未端上来就有安排，新端上来的放在客人面前，旧的挪后，饭食放在左边，勺筷放在右边，错落有序，杂而不乱，布置合适，井井有条。这是个简单的例子，如果说造化神妙不在这里，又在什么地方呢？如果说这里有造化神妙，这个功夫还欠缺吗？以此类推到耕耘簸扬的农夫，做饭烹调的妇女，没有一件事没有造化神妙之理，每件事都能达到神化性命之极。学者把造化神妙看得太玄，把日常事物看得太粗，没有很好地理会。理会得好，这桌上摆放的、天下古今万事万物都在这里，横竖推行，扑头盖面，脚踏身坐的，都是造化神妙。以此可知造化神妙是极浅显极容易理解的。

1.076　静中看天地万物都无些子。

［译文］

沉静中看天地万物，都没有什么特别之处。

1.077　儒者之末流与异端之末流何异？似不可以相诮也。故明于医可以攻病人之标本，精于儒可以中邪说之膏肓。辟邪不得其情，则邪愈肆；攻疾不对其症，则病愈剧。何者？授之以话柄而借之以反攻，自救之策也。

［译文］

儒家的谬误和异端的谬误有什么不同呢？看来不可相互讽刺。医术高明可以医治病人的病根，儒家精通可以击中邪说的要害。如果攻击邪说而对其毫无了解，邪说就会愈加猖獗；治病不对症，疾病就会更加严重。为什么呢？这等于授人以话柄，使其有可乘之机进行反攻，借此以自救。

1.078　七情总是个欲，只得其正了，都是天理；五性总是个仁，只不仁了，都是人欲。

［译文］

七情（喜怒哀乐爱恶欲），总的说都是欲望，只要欲望是正当的，就符合客观规律；五性（仁义礼智信），总的说都是仁心，倘若没有仁心，就全成了欲望。

1.079　庄列见得道理原着不得人为，故一向不尽人事。不知一任自然，成甚世界？圣人明知自然，却把自然阁起，只说个当然，听那个自然。

［译文］

庄子、列子主张的道理原本不是主张人为的，所以一向与人事无关。不知道一味听凭自然，会成一个什么样子？圣人是明明知道自然，却把自然搁起不说，只讲当然，而听其自然。

1.080 气盛便不见涵养。浩然之气虽充塞天地间，其实本体闲定冉冉口鼻中，不足以呼吸。

［译文］

气过于充盛便看不出来有涵养。浩然之气虽然充塞于天地之间，但是在人身体中，一定是冉冉飘荡在口鼻之中，好像不够呼吸一样。

1.081 以吾身为内，则吾身之外皆外物也。故富贵利达可生可荣，苟非道焉，而君子不居。以吾心为内，则吾身亦外物也，故贫贱忧戚，可辱可杀。苟道焉，而君子不辞。

［译文］

以自己的身体为内，那么自身之外的东西都是身外之物。所以无论富贵荣华，随它来去，如果不合于道，君子是不求的。以自己的心为内，那么自己的身体也是外物，就是处于贫贱忧戚、可辱可杀的悲惨境地，如果合于道，君子也毫不在乎。

1.082 满腔子是恻隐之心，满六合是运恻隐之心处。君子于六合飞潜、动植、纤细毫末之物，见其得所，则油然而喜，与自家得所一般；见其失所，则闵然而戚，和自家失所一般。位育①念头，如何一刻放得下！

［注释］

①位育：语出《中庸》。位，安其所也；育，遂其生也。

［译文］

满腔子都充满仁慈恻隐之心，满天下都是布施恻隐之心的场所。君子对地上的飞禽走兽、动物植物、纤细毫末之物，看见它们各自生活惬意，就会油然而喜，好像自己和它们一样；看见它们流离失所，就悯然而戚，好像自己也失去了一样。希望万物都能安其所、遂其生的想法，怎么能释怀一刻呢！

1.083　人一生不闻道，真是可怜。

［译文］

倘若一个人在一生中对道一点也不了解，那真是太遗憾了。

1.084　天德只是个无我，王道只是个爱人。

［译文］

天德就是忘却自我，王道就是仁义爱人。

1.085　凡动天感物，皆纯气也，至刚至柔，与中和之气皆有所感动，纯故也。十分纯里才有一毫杂，便不能感动。无论佳气、戾气，只纯了，其应便捷于影响。

［译文］

凡是能感动上天感动万物的，都是纯正之气，这种气至刚至柔，与中和之气都能相互感应，是因为纯正的缘故。只要里面混有一点杂念，就什么也不能感动。不论善气、恶气，只要纯正了，其感应就比影子印地、声音回响还迅速。

1.086　万事万物有分别，圣人之心无分别，因而付之耳。譬之日因万物以为影，水因万川以顺流。而日水原无两，未尝不分别，而非以我分别之也。以我分别，自是分别不得。

[译文]

万事万物有区别，圣人之心无区别，因此将天下的兴亡托付于圣人。譬如阳光照耀万物形成投影，水流入河川形成河流。照耀万物的阳光、流入河川的流水，都没有两样。但未尝没有分别，而这分别不在日光和水本身。如果以本身来分别，肯定是分别不出的。

1.087　下学学个甚么？上达达个甚么？下学者学其所达也，上达者达其所学也。

[译文]

“下学”究竟学习什么？“上达”究竟达到什么？下学，就是学习各种事物中的道理；上达，就是把所学到的东西融会贯通。

1.088　六经言道而不辨，辨自孟子始。汉儒解经而不论，论自宋儒始。宋儒尊理而不僭，僭自世儒始。

[译文]

六经只讲道而不区别之，从孟子开始加以区别。汉代儒家讲解六经而没有发表评论，发表评论是从宋儒开始的。宋儒崇尚理学而不超越六经之旨，超越六经之旨是从本朝的儒生开始的。

1.089　知彼知我，不独是兵法，处人处事一些少不得底。

[译文]

知彼知己，不只在用兵时要如此，处人处事时也少不了这一条。

1.090　谈道者虽极精切，须向苦心人说。可使手舞足蹈，可使大叫垂泣。何者？以求通未得之心，闻了然透彻之语，如饥得珍馐，如旱得霖雨。相悦以解，妙不可言。其不然者，如麻木之肌，针灸终日，尚不能觉，而以爪搔之，安知痛痒哉？吾窃为言者惜也。故大道独契，至理不言，非圣贤之忍于弃人，徒哓哓无益耳。是以圣人待问而后言，犹因人而就事。

［译文］

谈道的人，尽管对事物的道理能讲得极其精确明白，可是也得向那些有心人去讲。这些人听了，就可能会手舞足蹈，欢呼大叫，或潸然泪下。这是为什么呢？这是因为他早就想寻求这些透彻的道理而没有寻到，听了这些透彻的议论，就如同饥者得美食，如同久旱逢甘露一样。相谈甚欢，疑难顿解，内心的高兴就不可言喻。如果对不想听到这些道理的人去讲，就如同一个人的肌肉已经麻木，终日针灸，仍无知觉，而你只是用手去挠一挠，怎么能使他知道痛痒呢？我很为那些谈道的人惋惜。所以大道在于相合，事理至深无法言传，这不是圣人不愿教诲人，而是说再多也毫无用处。所以圣人要等到别人发问时才回答，并且还要因人而教。

1.091　人皆知异端之害道，而不知儒者之言亦害道也。见理不明，似是而非，或骋浮词以乱真，或执偏见以夺正，或狃目前而昧万世之常经，或徇小道而溃天下之大防，而其闻望又足以行其学术，为天下后世人心害良亦不细。是故有异端之异端，有吾儒之异端。异端之异端，真非也，其害小；吾儒之异端，似是也，其害大。有卫道之心者，如之何而不辨哉？

［译文］

所有的人都知道异端的害处，而不知腐儒的话也有害处。对真理的认识不明确，似是而非，或运用华丽的辞藻以乱真，或固执偏见来对待正理，或拘于目前而使万世的常法混乱，或屈从于小的道理而使天下的大堤防溃毁，而其声望又足以使其学说流传下来，对后世人心造成的祸害是极大的，所以说既有异端的异端，也有正统的异端。异端的异端是真正错误的，它的害处小；正统的异端，伪装得极为正确，它的害处也极大。有卫道之心的人，怎么能不辨别清楚呢？

1.092　发不中节，过不在已发之后。

［译文］

喜怒哀乐等情感发出来时不合节度，其过失不在行动之后。

1.093　“相在尔室，尚不愧于屋漏。”此是千古严师。“十目所视，十手所指。”此是千古严刑。

［译文］

《诗经·大雅·抑》一诗说：“相在尔室，尚不愧于屋漏。”意思是说：“看看你的房子，即使在人们看不见的地方你也要光明磊落。”这是自古以来最严厉的老师。《大学》引曾子的话说：“很多双眼睛都注视着你，很多双手都在指点着你。”这是自古以来最严厉的刑罚。

1.094　诚与才合，毕竟是两个，原无此理。盖才自诚出，才不出于诚，算不得个才。诚了自然有才。今人不患无才，只是讨一诚字不得。

［译文］

诚信和才华相统一，但毕竟是两种不同的事，可是如果分开又和道理不符。才华大都源自诚信，才华不是出自诚信的，就不能算做才华。而人若诚信自然有才华。如今的人并不是缺少才华，而是很难找到诚信之人。

1.095　宇宙内原来是一个，才说同便不是。

［译文］

宇宙内万物的根源是一个，但要说一个时，却又分出千枝万杈。

1.096　人欲扰害天理，众人都晓得；天理扰害天理，虽君子亦迷，况在众人？而今只说慈悲是仁，谦恭是礼，不取是廉，慷慨是义，果敢是勇，然诺是信。这个念头真实发出，难说不是天理。却是大中至正天理被他扰害，正是执一贼道。举世所谓君子者，都在这里看不破，故曰道之不明也。

［译文］

如果是人欲扰害天理，一般人都知道；如果打着天理的旗号而实际上扰害天理，那么即便是君子也会难以分辨，更何况是普通人呢？现在都认为慈悲是仁善，谦恭是礼仪，不取是廉洁，慷慨是正义，果敢是勇敢，然诺是信誉。如果这些念头都是发自内心的，不好说它不是天理。但实际上那大中至正的天理常常被它们扰害，正是因为人们偏执了一面而害了道。世上所谓君子都认识不到这一点，所以说道理尚不明达。

1.097　士之于道也，始也求得，既也得得，既也养得，既也忘得。不养得则得也不固，不忘得则得也未融。学而至于忘得，是谓无得。得者，自外之名，既失之名，还我故物。如未尝失，何得之有？心放失，故言得心，从古未言得耳目口鼻四肢者，无失故耳。

［译文］

读书人对于道理，开始时希望得到它，马上得到了它，马上可以认识它，也马上可以忘掉它。没有认识，即便得到了也不能巩固；无法忘记得到的也就不能够融会贯通。学到忘记的程度，就和没有得到一样。得，是从外面来说的，既然没有得，就是把我固有的东西又归还了我。如果没有丢失，怎么又能说得到了呢？心放纵就会丢掉，所以有得心之说，但自古以来没有说得耳目口鼻四肢的，是因为耳目口鼻四肢不会失去。

1.098　只隔一丝便算不得透彻之悟。须是入筋肉，沁骨髓。

[译文]

只要还相差一丝一毫，就不能算上真正明白得透彻。必须像进入筋骨、沁入骨髓那样才行。

1.099　宇宙内主张万物底只是一块气，气即是理。理者，气之自然者也。

[译文]

在宇宙内决定万物的，只是气而已，气就是理。所谓理，就是气自然化作的形态。

1.100　义袭取不得。

[译文]

义理是没有办法通过剽袭窃取得来的。

1.101　任是千变万化，千奇万异，毕竟落在平常处歇。

[译文]

无论是千变万化，千奇万异，到头来还是要在寻常处落脚。

1.102　物欲从气质来，只变化了气质，更说甚物欲。

[译文]

物欲是从气质上来的，只要气质发生变化了，还说什么物欲呢！

1.103　耳目口鼻四肢有何罪过？尧舜周孔之身都是有底。声色货利可爱可欲有何罪过？尧舜周孔之身都是有底。千万罪恶都是这点心。孟子“耳目之官不思而蔽于物”，太株连了。只是先立乎其大，有了张主，小者都是好奴婢，何小之敢夺？没了窝主，那怕盗贼？问：谁立大？曰：大立大。

［译文］

耳目口鼻四肢有什么罪过？尧、舜、周公、孔子都是血肉之身。声色货利是可爱可想，有什么罪过？尧、舜、周公、孔子都是有家庭生活的人。千万种罪恶都是心灵堕落的缘故。孟子说：“耳目这些器官不思考，容易被物所蒙蔽。”这话未免过于牵强了。应该注意的是首先确立主要的大纲，这样就有了行动指南，其他次要的都会像奴婢一样，有哪个敢于反抗呢？没有内应，还怕什么盗贼？哪个可以确立为大纲？应该确立最主要的。

1.104　絜矩[①]是强恕事，圣人不絜矩。他这一副心肠原与天下打成一片，那个是矩？那个是絜？

［注释］

①絜矩：度量、法度。

［译文］

以同一个标准与法度推己及人，使彼此各得其所，这是推行恕道的事。圣人不是这样，圣人的心肠原本就是与天下人打成一片的，何必分哪个是标准，哪个是法度呢？

1.105　内外本末交相培养[①]，此语余所未喻。只有内与本，那外与末张主得甚？

[注释]

①内外本末交相培养：语出《孟子·公孙丑上》，朱熹有注。

[译文]

不分内外本末，都交杂在一起，对此话我不太理解。只有抓住了内因和根本，那么外因和末节又能起什么作用呢？

1.106　处明烛幽，未能见物而物先见之矣；处幽烛明，是谓神照。是故不言者非喑，不视者非盲，不听者非聋。

[译文]

站在明处去看暗处，暗处的东西你没有看见，但它却看见了你；站在暗处去看明处，叫做神照。所以说不说话的人不一定就是哑巴，不看东西的人不一定就是瞎子，不道听途说的人不一定就是聋子。

1.107　惟得道之深者，然后能浅言；凡深言者，得道之浅者也。

[译文]

只有道德修养很深的人，才能用最浅显易懂的语言把道说清楚；凡是用高深的话论道的，恰恰是道德修养肤浅的人。

1.108　道非淡不入，非静不进，非冷不凝。

[译文]

对于学道者来说，不以平淡的态度对待，就不能深入；不以沉静的态度对待，就不能理解；不以冷漠的态度对待，就不能巩固。

1.109　三千三百①，便是无声无臭②。

[注释]

①三千三百：语出《中庸》第二十七章，形容道至大至小。②无声无臭：

语出《中庸》第三十三章，形容道无形象。

[译文]

威仪三千礼仪三百，这其中就含有无声无臭的道。

1.110　天德王道不是两事，内圣外王①不是两人。

[注释]

①内圣外王：语出《庄子·天下》，形容修身治国不能分开。

[译文]

天德、王道是统一的，不是两码事；内圣、外王是指一个人达到的境界，也不是两个人。

1.111　形用事，则神者亦形；神用事，则形者亦神。

[译文]

形起主导作用时，神也是形；神起主导作用时，形也是神。形和神是密切不可分的。

1.112　“中”是千古道脉宗，“敬”是圣学一字诀。

[译文]

“中”是千古一脉相承的道所遵循的原则，“敬”是圣门学问最基本的诀窍。

1.113　人事就是天命。

[译文]

尽人力所为也就是遵从天命。

1.114　我盛则万物皆为我用，我衰则万物皆为我病。盛衰胜负，宇宙内只有一个消息。

［译文］

自己昌盛则万物皆为自己利用，自己衰败则万物皆成为自己的病患。盛和衰、胜和负，世上只有一种表现形式。

1.115　义，合外内之道[①]也。外无感则义只是浑然在中之理，见物而裁制之则为义。义不生于物，亦缘物而后见。告子只说义外，故孟子只说义内。各说一边以相驳，故穷年相辩而不服。孟子若说义虽缘外而形，实根吾心而生，物不是义，而处物乃为义也，告子再怎开口？性，合理气之道也。理不杂气则纯粹以精，有善无恶，所谓义理之性也。理一杂气，则五行纷糅，有善有恶，所谓气质之性也。诸家所言皆落气质之后之性，孟子所言皆未着气质之先之性，各指一边以相驳，故穷年相辩而不服。孟子若说，有善有恶者杂于气质之性，有善无恶者上帝降衷之性[②]，学问之道正要变化那气质之性，完复吾降衷之性，诸家再怎开口？

［注释］

①义，合外内之道：语出《孟子·告子上》。②上帝降衷之性：指善性。见《尚书·汤诰》。

［译文］

义是内外之道的统合。没有受到外界事物的感应，那么义只是包含在内心之中的理；看到了外界的事物而断然采取恰当的行为，这就是义。义虽不是直接产生于物，但亦因物而生。告子只是谈论义之外的事情，而孟子只是谈论义之内的行为。各执一词，相互论辩，所以长期辩驳互相不服。孟子如果说，义虽然是因外物而表现出来，实际上是从内心产生的，事物本身不是义，而义是处理事物的行为。那么告子还怎么开口呢？性，是理气相合的结果。理不杂入气，就是纯粹的，只有善没有恶，这叫做义理之性。理和气一相混，就与五行相杂糅，有善有恶，这叫做气质之性。各家所说的性都指的是气质之性，而孟子所说的则是没沾气质以前的天性，各执一词，相互论辩，所以长期辩驳互相不服。孟子如果说，有善有恶是杂糅了气质之性，有善无恶是上天带来的善性，学问的道理正是要变化那气质之性，归复到那天生的善性，那么诸子百家还怎么说呢？

1.116　理会得“简”之一字，自家身心、天地万物、天下万事尽之矣。一粒金丹不载多药，一分银魂不携钱币。

[译文]

如果能够理解了“简”这个字，那么自己的身心、天地万物、天下万事都容易对付了。带上一粒金丹就不必带其他的药，带着一张银票就不必携带很多的钱币。

1.117　耳闻底、眼见底、身触头戴足踏底，灿然确然，无非都是这个，拈起一端来，色色都是这个。却向古人千言万语、陈烂葛藤钻研穷究，意乱神昏了不可得。则多言之误后人也。噫！

[译文]

耳闻目睹的、身触头戴以及脚上穿的，明明白白、的的确确，无非都是道。就其中一项看来，每个也都是这个。但是有人却到古人的千言万语、陈葛烂藤里面去钻研寻找这个道，致使意乱神迷，好像了不得似的。可见古人的著述太多只能贻误后人啊！唉！

1.118　鬼神无声无臭，而有声有臭者乃无声无臭之散殊也。故先王以声臭为感格鬼神之妙机。周人尚臭，商人尚声。自非达幽明之故者难以语此。

[译文]

鬼神没有声音没有气味，而有声音有气味的东西乃是没有声音没有气味的东西扩散出来的事物。所以先王以声音和气味为感通鬼神的巧妙方法。周人用各种美味的食品作为祭品，商人则用音乐进行祭祀。不是通达幽明道理的人，难以道出和领会其中的奥妙。

1.119 使人收敛庄重莫如礼，使人温厚和平莫如乐。德性之有资于礼乐，犹身体之有资于衣食，极重大，极急切。人君治天下，士君子治身，惟礼乐之用为急耳。自礼废而惰慢放肆之态惯习于身体矣，自乐亡而乖戾忿恨之气充满于一腔矣。三代以降，无论典秩之本，声气之元，即仪文器数，梦寐不及。悠悠六合，贸贸百年，岂非灵于万物而万物且能笑之？细想先儒“不可斯须去身”六字，可为流涕长太息矣。

［译文］

使人收敛庄重，没有比礼再重要的了；使人温厚和平，没有比乐再重要的了。德性的修养需要礼乐，就像身体需要衣食一样，非常重要，非常急切。君主治理天下，士君子修养道德，唯独礼乐是当务之急。自从礼制废怠，人们对于惰慢放肆的情态就习惯了；自从乐亡以后，乖戾愤恨的情绪就充满了胸腔。三代以后，无论典章制度的根本，声音气息之本源，即使具体礼节、器物规格，人们也不再考虑。从古到今，人生百年，作为万物之灵的人，岂不要被万物所笑吗？仔细想想先儒所说的礼乐不可一刻离身这几个字，真可为之流涕、为之叹息啊！

1.120 惟平脉无病，七表、八里、九道[1]，皆病名也。惟中道无名，五常、百行、万善，皆偏名也。

［注释］

①七表、八里、九道：《脉诀》把二十四脉分为七表、八里、九道三类。

［译文］

只有平脉时没有疾病，七表、八里、九道都是疾病的名称。只有中道没有名称，五常、百行、万善都是偏名罢了。

1.121　百姓冻馁谓之国穷，妻子困乏谓之家穷，气血虚弱谓之身穷，学问空疏谓之心穷。

［译文］

百姓饥寒交迫叫做国穷，老婆孩子贫困缺乏叫做家穷，气血虚弱叫做身穷，学问空疏叫做心穷。

1.122　悟有顿，修无顿。立志在尧，即一念之尧；一语近舜，即一言之舜；一行师孔，即一事之孔。而况悟乎？若成一个尧舜孔子，非真积力久、毙而后已不能。

［译文］

领悟有突然觉悟的，而修养没有突然就修养成功的。立志学习尧，尧就是一念之师；一句话学习舜，舜就是一句之师；一个行为要学习孔子，孔子就是一行之师。那更何况顿悟呢！如果想成为像尧、舜、孔子那样的人，非长期积累、努力修养、死而后已不能达到。

1.123　有人于此，其孙呼之曰祖，其祖呼之曰孙，其子呼之曰父，其父呼之曰子，其舅呼之曰甥，其甥呼之曰舅，其伯叔呼之曰侄，其侄呼之曰伯叔，其兄呼之曰弟，其弟呼之曰兄，其翁呼之曰婿，其婿呼之曰翁。毕竟是几人？曰一人也。呼之毕竟孰是？曰皆是也。噫！仁者见之谓之仁，知者见之谓之知。无怪矣道二乎哉？

［译文］

这里有一个人，他的孙子叫他爷爷，他的爷爷叫他孙子；他的儿子叫他父亲，他的父亲叫他儿子；他的舅舅叫他外甥，他的外甥叫他舅舅；他的伯叔叫他侄子，他的侄子叫他伯叔；他的哥哥叫他弟弟，他的弟弟叫他哥哥；他的岳父叫他女婿，他的女婿叫他岳父。这些称呼到底是几个人？当然是一个人。这些称呼到底哪个对？当然都对。啊！这真是仁者见仁，智者见智。难怪事物的道理也有两个。

1.124　豪放之心非道之所栖也，是故道凝于宁静。

［译文］

粗犷好动的心是不会产生道义的，所以说道义只能在宁静中产生。

1.125　圣人制规矩不制方圆，谓规矩可为方圆，方圆不能为方圆耳。

［译文］

圣人只制定规矩而不制定方圆，这是因为规矩可为方圆，方圆不能为方圆的缘故。

1.126　终身不照镜终身不认得自家，乍照镜犹疑我是别人。常磨常照才认得本来面目。故君子不可以无友。

［译文］

一辈子不照镜子就会一辈子不认识自己，一旦照镜子还会怀疑我是别人呢。经常打磨经常照，就能全面地认识自己。所以君子不能没有朋友，作为镜鉴。

1.127　天地人物原来只是一个身体、一个心肠，同了，便是一家；异了，便是万类。而今看着风云雷雨都是我胸中发出，虎豹蛇蝎都是我身上分来，那个是天地？那个是万物？

［译文］

天地万物原来只是一个身体、一个心肠，相同，便是一家；不同，便是万类。现今要看着风雨雷电都是我胸中发出来的，虎豹蛇蝎都是从我身上分出来的，分得清哪个是天地，哪个是万物？

1.128　或问敬之道。曰：外面整齐严肃，内面齐庄中正，是静时涵养的敬。读书则心在于所读，治事则心在于所治，是主一无适的敬。出门如见大宾，使民如承大祭，是随事小心的敬。或曰：若谈笑歌咏、宴息造次之时，恐如是则矜持不泰然矣！曰：敬以端严为体，以虚活为用，以不离于正为主。斋日衣冠而寝，梦寐乎所祭者也；不斋之寝，则解衣脱冕矣。未有释衣冕而持敬也。然而心不流于邪僻，事不诡于道义，则不害其为敬矣。君若专去端严上求敬，则荷锄负畚、执辔御车、鄙事贱役，古圣贤皆为之矣，岂能日日手容恭、足容重耶？又若孔子曲肱指掌，及居不容，点之浴沂[①]，何害其为敬耶？大端心与正依，事与道合，虽不拘拘于端严，不害其为敬。苟心游千里，意逐百欲，而此身却兀然端严在此，这是敬否？譬如谨避深藏，秉烛鸣珮，缓步轻声，女教《内则》原是如此。所以养贞信也。若馌妇[②]汲妻及当颠沛奔走之际，自是回避不得。然而贞信之守与深藏谨避者同，是何害其为女教哉？是故敬不择人，敬不择事，敬不择时，敬不择地，只要个心与正依，事与道合。

［注释］

①点之浴沂：点，曾点，字皙，孔子弟子。事见《论语·先进》。②馌妇：给耕田之人送饭的农妇。

［译文］

有人问敬的道理。我回答说："外表整齐严肃，内心庄重中正，这是平静时有涵养的敬。读书时心在所读的书上，做事时心在所做的事上，这就是一心一意、心不旁骛的敬。出门如同去接见贵宾，用人的时候如同举办大的祭典，这就是认真对待的敬。”又问：“如果在谈笑歌咏、休息或忙碌时也像你讲的那样做，恐怕就显得矜持、不自然了。”回答说：“敬是以端正严肃为体，以虚实灵活为用，以不离正理为主。在斋戒的日子，和衣而睡，就会梦到所祭祀的人；在非斋戒的日子，则脱去衣帽休息。没有脱掉衣服还能保持庄重的。然而只要心不往邪处想，做事不违反道义，就不能说不是敬。如果你专在外表端庄严肃上去求敬，这样的话，扛着锄头、担着筐子、拉着缰绳、驾着车子、从事低贱的事情等，古代的圣贤都做过，哪能够让人天天把手放得恭恭敬敬、走起路来庄庄重重呢？又如孔子曲肱而睡、指掌而谈，住处不修饰，曾点还在沂水中洗澡，这对敬又有什么妨碍呢？大体说来，只要心地端正，行事合理，就是没有拘其小节，也称得上是敬。如果心猿意马、欲火焚心，即使正襟端坐，这也不能叫敬。譬如妇女的谨避深藏，夜出则秉烛鸣珮，平时则缓步轻声。教育女孩子的《内则》都是这样讲的，这是为了培养贞洁诚信的品德。至于给农夫送饭的农妇，每天要打水的妇女，或遇到颠沛流离四处奔走的境况，自然无法回避男人。保持贞操和深藏谨避都是对的，这对《内则》中讲的那些修养原则又有什么妨害呢？因此说敬不分什么人，什么事，什么时间，什么地点，只要心地纯正，事与道合就行了。”

1.129　自非生知之圣，未有言而不思者。貌深沉而言安定，若蹇若疑，欲发欲留，虽有失焉者，寡矣。神奋扬而语急速，若涌若悬，半跆[①]半晦，虽有得焉者，寡矣。夫一言之发，四面皆渊阱也。喜言之则以为骄，戚言之则以为懦。谦言之则以为谄，直言之则以为陵。微言之则以为险，明言之则以为浮。无心犯讳则谓有心之讥，无为发端则疑有为之说。简而当事，曲而当情，精而当理，确而当时，一言而济事，一言而服人，一言而明道，是谓修辞之善者。其要有二：曰澄心，曰定气。余多言而无当，真知病本云云。当与同志者共改之。

[注释]

①跲：窒碍。

[译文]

没有天生就通晓万事的圣人，没有说话不加思考的人。外貌深沉而言谈安定，好像止住不说，又像踌躇不定，要说出来又欲言又止，这样做即使有失误的，但毕竟是少数。神气昂扬而语言急促，口若悬河，半通不通，虽然有成功的，但也不多。事实上话一出口，四面都是陷阱。说高兴的话，别人以为你骄傲；说悲伤的话，别人以为你懦弱。说谦虚的话，别人以为你谄媚；说正直的话，别人以为你盛气凌人。说意味深长的话，别人以为你阴险；说明白易懂的话，别人以为你肤浅。无心去触犯别人的忌讳，别人以为你有意在讥讽；无目的的话，别人怀疑你在有目的地说。简单明了，曲不失当，精而有理，确切实际，一句话就能办成事，一句话就使人信服，一句话就讲明道理，这就是善于说话的人。要达到这个标准须做到两点：一是静下心，二是沉住气。我这个人平时话多而无当，现在真正了解到，病根就是上面说的。和我有一样毛病的人都应当改正它。

1.130　不是与诸君不谈奥妙，古今奥妙不外《易》与《中庸》，至今解说二书，不似青天白日，如何又于晦夜添浓云也？望诸君哀此后学，另说一副确当言语，须是十指漏缝、八面开窗，你见我知，更无躲闪，方是正大光明男子。

[译文]

我不是不愿跟大家谈论那些深奥的道理，古今的深奥道理也不外乎《易》和《中庸》，可是至今解释这两部书的论著都不能做到像青天白日那样清楚，我怎么能又在漆黑的夜晚里再添浓云呢？希望诸君能够理解这一点，后代的学子，另当别论，然而必须是坦诚相见，光明正大，没有躲躲闪闪，这才是光明正大的君子。

1.131　轻重只在毫厘，长短只争分寸，明者以少为多，昏者惜零弃顿。

[译文]

轻重之间只差毫厘，长短之间只差分寸，聪明的人以少为多，愚昧的人吝惜少的而实际上丢掉了全部。

呻吟语卷二

修　身

2.001　六合是我底六合，那个是人？我是六合底我，那个是我？

［译文］

天地四方是我的天地四方，哪个是身外他人？我是天地四方的我，哪个是身内的自我？

2.002　作人怕似渴睡汉，才唤醒时睁眼若有知，旋复沉困，竟是寐中人。须如朝兴栉盥[1]之后，神爽气清，冷冷劲劲，方是真醒。

［注释］

①朝兴栉盥：早上起来梳洗打扮。

［译文］

做人最怕像沉睡的人，刚刚被叫醒时睁开眼睛似乎清醒过来，但很快又睡着了，毕竟是睡梦中的人。应当像早晨起床漱洗以后，神爽气清，精力充沛，这才是真正清醒过来。

2.003　广所依不如择所依，择所依不如无所依。无所依者，依天也。依天者有独知之契，虽独立宇宙之内而不谓孤，众倾之、众毁之而不为动，此之谓男子。

［译文］

普遍地依赖外物，不如有选择地依赖；有选择的依赖，不如什么都不依赖。无所依赖，就是遵从天意。遵从天意的人有独到的见识，这样的人虽然独自在天地之间也不会感到孤独，众人的赞誉或诋毁都不能动摇自己的信念，这才是真正的男子汉。

2.004　小屈以求大伸，圣贤不为。吾道必大行之日然后见，便是抱关击柝[①]，自有不可枉之道。松柏生来便直，士君子穷居便正。若曰在下位、遇难事姑韬光忍耻，以图他日贵达之时，然后直躬行道，此不但出处为两截人，即既仕之后，又为两截人矣。又安知大任到手不放过耶？

［注释］

①抱关击柝：比喻地位低。抱关，守关。击柝，巡夜。

［译文］

忍受小的屈辱以取得大的成功发展，圣人和贤人是不会那样做的。个人的品德往往在其功成名就时才能被人们认识，其实就算在当守门打更的小吏时，就已经具有了坚强的品德。松柏生来就有挺直的树干，正人君子在穷困的时候就有正直的品质。如果因为自己在地位低下的时候遇到难事，试图以韬光忍耻换得日后的飞黄腾达，然后再恢复正道，这样不但在没当官时成了两面人，即便是当官以后，也会再次改变人格。又怎么能知道在担当大任的时候就能恢复正道呢？

2.005　才能技艺，让他占个高名，莫与角胜。至于纲常大节，则定要自家努力，不可退居人后。

［译文］

才能技艺，让别人占有好名声，不要去争强斗胜；但在纲常大节上，则一定要发愤努力，不能落在别人的后面。

2.006　人不难于违众，而难于违己。能违己矣，违众何难？

［译文］

做想违背众人的意愿的事并不难，而难于违背自己的意愿。如果能违背自己的意愿，那么违背众人的意愿又有何难？

2.007　学欲博，技欲工，难说不是一长。总较作人，只是够了便止。学如班、马①，字如钟、王②，文如曹、刘③，诗如李、杜④，铮铮千古知名，只是个小艺习，所贵在作人好。

［注释］

①班、马：指班固、司马迁，《汉书》《史记》的作者，中国古代著名史学家。②钟、王：指钟繇、王羲之。钟繇，三国魏人，字元常，善书法。王羲之，东晋人，字逸少，官至右军将军，人又称“王右军”。书法博采众长，自成一家，世称“书圣”。③曹、刘：指曹植、刘桢。曹植，三国魏人，字子建，曹操第三子。刘桢，汉末文学家，“建安七子”之一。④李、杜：指唐代诗人李白、杜甫，被后世尊为诗仙、诗圣。

［译文］

学问要广博，技能要高明，不能说不是一个长处，但和做人相比，学问和技能只要够用就行了。即便学问如班固、司马迁，书法如钟繇、王羲之，文章如曹植、刘桢，诗如李白、杜甫，铮铮千古知名，那也只是小技艺，重要的还是要有高尚的人品。

2.008　士君子之偶聚也，不言身心性命，则言天下国家；不言物理人情，则言风俗世道；不规目前过失，则问平生德业。傍花随柳之间，吟风弄月之际，都无鄙俗媟嫚[①]之谈，谓此心不可一时流于邪僻，此身不可一日令之偷惰也。若一相逢，不是亵狎，便是乱讲，此与仆隶下人何异？只多了这衣冠耳。

[注释]

①媟嫚：不恭敬，不庄重。媟，通“亵”，

[译文]

正人君子相聚在一起的时候，不是谈论身心性命，就是谈论天下大势、国家大事；不是谈论物理人情，就是谈论风俗世道；不是规劝目前过失，就是询问平生德业。即使是傍花随柳，吟风弄月，都没有鄙陋庸俗的言语，说心中一刻也不能产生邪念，身体一会儿也不能偷懒。倘若一见面，不是猥亵狎侮，就是信口雌黄，这和仆人奴隶有什么区别？只不过穿着一身学者的衣服罢了。

2.009　往见“泰山乔岳以立身”四语[①]，甚爱之，疑有未尽，因推广为男儿八景，云：“泰山乔岳之身，海阔天空之腹，和风甘雨之色，日照月临之目，旋乾转坤之手，磐石砥柱之足，临深履薄之心，玉洁冰清之骨。”此八景，予甚愧之，当与同志者竭力从事焉。

[注释]

①泰山乔岳以立身四语：即明镜止水以存心，泰山乔岳以立身，青天白日以应事，霁月光风以待人。乔岳，高峻的山岳。

[译文]

从前见到“泰山乔岳以立身”四语，自己很是喜爱，怀疑有未言尽的意思，就将其引申为男儿八景：“泰山乔岳一般的身体，海阔天空一样的胸襟，和风细雨一般的面容，日照月临一样的目光，旋乾转坤一般的手掌，磐石砥柱一样的腿脚，临深履薄一般的心情，玉洁冰清一样的骨骼。”以我本人比此八景，则甚感惭愧，应当与同志者奋发努力。

2.010　少年只要想我见在干些甚么事，到头成个甚么人，这便有多少恨心，多少愧汗，如何放得自家过？

[译文]

年轻人只要想想自己现在在干什么，将来会成为什么样的人，就会产生许多遗憾、许多惭愧，怎么能原谅自己呢？

2.011　有象而无体者，画人也，欲为而不能为。有体而无用者，塑人也，清净尊严，享牺牲香火而一无所为。有运动而无知觉者，偶人也，待提掇指使而后为。此三人者，身无气血，心无灵明[①]，吾无责矣。

[注释]

①灵明：指精神。

[译文]

有形象而没有实体，是画上的人，想有所作为也不能有作为。有实体而没有作用，是雕塑的人，清净尊严，只会享受供奉香火而一无所为。能运动而没有知觉的，是木偶人，在别人的操纵指挥下才有所行动。这三种人，身上没有血气，心中没有思想，我们也就不要指责它们了。

2.012　两柔无声，合也；一柔无声，受也。两刚必碎，激也；一刚必损，积也。故《易》取一刚一柔，是谓平中，以成天下之务，以和一身之德，君子尚之。

［译文］

两个阴柔没有声音，因为相合；一个阴柔也没有声音，因为被动接受；两个阳刚必然碎毁，因为相激；一个阳刚必然折损，因为自积。所以《易经》取一刚一柔，这叫做平中。这样才能成就天下的事务，调和一个人的道德，因此君子崇尚平中。

2.013　士君子作人不长进，只是不用心、不着力。其所以不用、不着力者，只是不愧不奋。能愧能奋，圣人可至。

［译文］

士人君子做人没有长进，只是因为没有用心，没有努力。他们之所以不用心、不努力，只是因为内心没有愧疚，不能奋发有为。如果能够心怀愧疚并奋发有为，那么即使圣人境界也是可以达到的。

2.014　有道之言，得之心悟；有德之言，得之躬行。有道之言弘畅，有德之言亲切。有道之言如游万货之肆，有德之言如发万货之商。有道者不容不言，有德者无俟于言。虽然，未尝不言也，故曰："有德者必有言。"①

［注释］

①有德者必有言：语出《论语·宪问》。

［译文］

有道理的话，是用心悟出来的；有德行的话，是通过实践总结出来的。有道理的话弘达通畅，有德行的话温和亲切。有道理的话如逛货物繁多的商店，有德行的话好像批发货物的商贾。有道理就不能不说，有德行就不用多说。虽然这样，也并非什么也没说，所以说"有德者必有言"。

2.015　或问：不怨不尤[①]了，恐于事天处人上更要留心否？曰：这天人两项，千头万绪，如何照管得来？有个简便之法，只在自家身上做，一念一言一事都点检得，没我分毫不是，那祸福毁誉都不须理会。我无取祸之道而祸来，自有天耽错；我无致毁之由而毁来，自有人耽错，与我全不干涉。若福与誉是我应得底，我不加喜；是我幸得[②]底，我且惶惧愧赧[③]。况天也有力量不能底，人也有知识不到底，也要体悉他。却有一件紧要，生怕我不能格天动物。这个稍有欠缺，自怨自尤且不暇，又那顾得别个？孔子说个“上不怨，下不尤”[④]，是不愿乎其外道理；孟子说个“仰不愧，俯不怍”[⑤]，是素位[⑥]而行道理，此二意常相须。

［注释］

①不怨不尤：不怨天，不尤人。②幸得：非分所得。③愧赧：因羞愧而面红耳赤。④“上不怨，下不尤”：《中庸》第十四章，“上不怨天，下不尤人”，《论语·宪问》：“子曰：‘莫我知也夫！’子贡曰：‘何为其莫知子也？’子曰：‘不怨天，不尤人，下学而上达，知我者其天乎！’”⑤“仰不愧，俯不怍”：《孟子·尽心上》：“君子有三乐，而王天下不与存焉。父母俱存，兄弟无故，一乐也。仰不愧于天，俯不怍于人，二乐也。得天下英才而教育之，三乐也。”怍，惭愧。⑥素位：指未居官位者。

［译文］

有人问：“不怨天不尤人，恐怕在遵循天意和对待人事上都要小心留意吧？”回答说：“天和人之间，千头万绪，怎么能够照管过来呢？有一个简便的方法，那就是从自己身上做起，对每一个念头，每一句话，每一件事都要仔细反省检查，如果没有什么过错，那祸福毁誉就不需要理会。我没有惹祸而祸来，自有天担错；我没有招谤而谤来，自有他人担错，跟我没什么关系。如果福分和荣誉是我应得的，我也不更加欢喜；如果是侥幸得来的，我将会惶惧羞愧。何况自然也有无能为力的时候，人也有知识不够全面的地方，也要体恤这些。但是最重要的就是担心自己不能感通天地万物，这方面有欠缺，自怨自尤还来不及，哪还能顾及到别的？孔子说‘上不怨，下不尤’，是说不愿把事物的成败归于自身的原因；孟子说‘仰不愧，俯不怍’，是说的平民百姓遵行的原则，这两个意思是互相配合、互相依赖的。”

2.016　奋始怠终，修业之贼也；缓前急后，应事之贼也；躁心浮气，畜德之贼也；疾言厉色，处众之贼也。

［译文］

有始无终，是学业的大敌；前缓后急，是做事的大敌；心情浮躁，是修养的大敌；疾言厉色，是处理人际关系的大敌。

2.017　名心盛者必作伪。

［译文］

好名之心太过强烈的人，必定会作伪造假以粉饰自己。

2.018　“恭敬谦谨”，此四字有心之善也；“狎侮傲凌”，此四字有心之恶也。人所易知也。至于“怠忽惰慢”，此四字乃无心之失耳。而丹书[①]之戒，怠胜敬者凶，论治忽[②]者，至分存亡，《大学》以傲惰同论[③]，曾子以暴慢连语者[④]，何哉？盖天下之祸患皆起于四字，一身之罪过皆生于四字。怠则一切苟且，忽则一切昏忘，惰则一切疏懒，慢则一切延迟。以之应事则万事皆废，以之接人则众心皆离。古人临民如驭朽索[⑤]，使人如承大祭[⑥]，况接平交以上者乎？古人处事不泄迩，不忘远，况目前之亲切重大者乎？故曰“无众寡，无小大，无敢慢”[⑦]，此九字即“毋不敬”[⑧]。“毋不敬”三字非但圣狂之分，存亡、治乱、死生、祸福之关也，必然不易之理也，沉心精应者始真知之。

［注释］

①丹书：托言天命所授之书。②治忽：指社会安定与荒乱。③《大学》以傲惰同论：《大学》第八章：“所谓齐其家在修其身者，人之其所亲爱而辟焉，之其所贱恶而辟焉，之其所畏敬而辟焉，之其所哀矜而辟焉，之其所傲惰而辟焉。故好而知其恶，恶而知其美者，天下鲜矣。”④曾子以暴慢连语者：《论语·泰伯》：“曾子有疾，孟敬子问之。曾子言曰：‘鸟之将死，其鸣也哀；人之将死，其言也善。君子所贵乎道者三：动容貌，斯远暴慢矣；正颜色，斯近信矣；出辞气，斯远鄙倍矣。笾豆之事，则有司存。’”暴，粗暴严厉。慢，放肆。⑤临民如驭朽索：《尚书·五子之歌》：“予临兆民，懔乎若朽索之驭六马，为人上者，奈何不敬。”⑥使人如承大祭：《论语·颜渊》：“仲弓问仁。子曰：‘出门如见大宾，使民如承大祭，己所不欲，勿施于人，在邦无怨，在家无怨。’”⑦“无众寡，无小大，无敢慢”：语出《论语·尧曰》：“君子无众寡，无小大，无敢慢，斯不亦泰而不骄乎？”众寡，指人多少。小大，指势的大小。慢，怠慢。⑧“毋不敬”：语出《礼记·曲礼上》：“毋不敬，俨若思，安定辞，安民哉。”毋，不要。

［译文］

“恭敬谦谨”，这是有心行善；“狎侮傲凌”，这是有心作恶。人们都容易看到。至于“怠忽惰慢”，则是无心的过失。丹书之戒所谓“怠胜敬者凶”，被评论治乱的人看做国家存亡的关键。《大学》把“傲”“惰”当做一回事，曾子把“暴”“慢”相提并论，这是为什么呢？大概天下的祸患、个人的罪过都起于这四个字。怠，就会一切得过且过；忽，就会一切昏忽忘记；惰，就会一切疏懒；慢，就会一切拖延。这样办事，什么事都会荒废；这样处世，就会众叛亲离。古人统治百姓如同用腐朽的缰绳驾驭马车，役使民众就像举行庄严的祭祀，更何况对待比自己地位高的人呢？古人处理事情不放松当前的事，不忘记长远的事，更何况眼下事关自身的大事呢？因此孔子讲“无众寡，无大小，无敢慢”，这九个字就是“毋不敬”的意思。“毋不敬”这三个字不但是区分圣、狂的标准，也是存亡治乱、生死祸福的关键，是永远不变的事理。专心研究的人，才能够认识到它的真谛所在。

2.019　贫不足羞，可羞是贫而无志。贱不足恶，可恶是贱而无能。老不足叹，可叹是老而虚生。死不足悲，可悲是死而无闻。

[译文]

贫穷没有什么可羞耻的，可耻的是贫穷而没有志气。地位微贱并没什么值得厌恶的，可恶的是地位微贱而没有才能。年老并没有什么可感叹的，可叹的是年老而虚度此生。死亡没有什么可悲伤的，可悲的是死后默默无闻，无人感念。

2.020　时时体悉人情，念念持循天理。

[译文]

时刻体会察悉人情世故，念念不忘坚持遵循天理。

2.021　礼义之大防，坏于众人一念之苟。譬如由径之人[①]，只为一时倦行几步，便平地踏破一条蹊径。后来人跟寻旧迹，踵成不可塞之大道。是以君子当众人所惊之事略不动容，才干碍礼义上些须，便愕然变色，若触大刑宪然，惧大防之不可溃，而微端之不可开也。嗟夫！此众人之所谓迂而不以为重轻者也，此开天下不可塞之衅者，自苟且之人始也。

[注释]

①由径之人：走小路的人。

[译文]

礼义的大堤，往往被众人的一念之差所毁。就像过路的人，只是为了懒得多走几步路，便在平地上又踩出一条小路，以后人们跟着走，结果就成了不可堵塞的大道。因此君子在众人大惊小怪的时候，一点也不为之所动，但在人们稍微违背礼义时，就大惊失色，好像他们犯了大罪。时刻警惕防止礼义的大堤崩溃，小小的开端也不允许。唉！这些正是众人认为迂腐而不加以重视的事情。同时，为天下不允许的事情做了开端的，就是从苟且妥协的人开始的。

2.022 有德之容，深沉凝重，内充然有余，外阒然无迹①。若面目都是精神，即不出诸口而漏泄已多矣。毕竟是养得浮浅，譬之无量人，一杯酒便达于面目。

[注释]

①阒然无迹：无影无踪。阒，空寂。

[译文]

凡品德高尚者都深沉凝重，内心非常充实，而外表却不露任何痕迹。如果脸上表现出精神异常，即使不开口，也就暴露出来了。毕竟还是修养很肤浅，好像没有酒量的人，只喝一杯酒就会脸红。

2.023 权贵之门，虽系通家①知己，也须见面稀、行踪少就好。尝爱唐诗有“终日帝城里，不识五侯门”②之句，可为新进之法。

[注释]

①通家：世交。②“终日帝城里，不识五侯门”：唐张继《感怀》诗：“调与时人背，心将静者论。终日帝城里，不识五侯门。”

[译文]

对于做官的人家，即便是至爱亲朋，也要少见面、少来往才好。我很欣赏唐诗中“终日帝城里，不识五侯门”那样的句子，可以作为新入仕途之人的处世方法。

2.024 仁厚、刻薄是修短关；行止、语默是祸福关；勤惰、俭奢是成败关；饮食、男女是死生关。

[译文]

仁厚与刻薄，是修养的关键；行动与静止、言谈与沉默，是祸福的关键；勤劳与懒惰、俭朴与奢侈，是成败的关键；日常饮食与男女之情，是生死的关键。

2.025 世有十态，君子免焉。无武人之态（粗豪），无妇人之态（柔懦），无儿女之态（娇稚），无市井之态（贪鄙），无俗子之态（庸陋），无荡子之态（儇佻），无伶优之态（滑稽），无闾阎之态（村野），无堂下人之态（局迫），无婢子之态（卑谄），无侦谍之态（诡暗），无商贾之态（炫售）。

[译文]

世上有十种世俗的情态，正人君子要加以避免。一是不要有武夫的粗豪之态，二是不要有妇人的柔懦之态，三是不要有儿女的娇稚之态，四是不要有市井的贪鄙之态，五是不要有凡夫俗子的庸陋之态，六是不要有浪荡子弟的轻佻之态，七是不要有优伶的滑稽之态，八是不要有乡间的村野之态，九是不要有堂下罪人的局促之态，十是不要有奴婢仆从的自卑谄媚之态，十一是不要有间谍之人的阴谋诡计之态，十二是不要有商人的炫耀沽售之态。

2.026 不善之名每成于一事，后有诸长不能掩也，而惟一不善传。君子之动，可不慎与？

[译文]

不好的名声常因一件事就落到自己头上。以后虽有种种善行，也无法掩盖。善行传不开，而只有这件不好的事却传得很远。君子的一举一动，难道可以不慎重吗？

2.027 先王之礼文用以饰情[①]，后世之礼文用以饰伪。饰情则三千三百虽至繁也，不害其为率真；饰伪则虽一揖一拜，已自多矣。后之恶饰伪者乃一切苟简决裂，以溃天下之防，而自谓之率真，将流于伯子[②]之简而不可行，又礼之贼也。

[注释]

①饰情：节制情感，或用适当形式表达情感。②伯子：指子桑伯子，见《论语·雍也》。朱熹注："《家语》记伯子不衣冠而处，孔子讥其欲同人道与牛马。"

[译文]

古圣先王的礼仪是为了表达真实的情感，后代的礼仪被用来掩饰虚伪的念头。表达真实情感的礼仪即便有威仪三千、礼仪三百这些繁琐的规定，也不影响其直率真诚；掩饰虚伪念头的方法，即便是作一下揖叩一下头，也是多余的。后代还有一种厌恶掩饰虚伪的人，把一切礼仪都当成多余的，将一切从简，破坏了礼仪，自称什么直率真诚，这就将流于桑伯子那样的简慢，根本不可行，也是礼仪的大敌。

2.028 余待小人不能假辞色，小人或不能堪。年友[①]王道源危之，曰："今世居官切宜戒此。法度是朝廷的，财货是百姓的，真借不得人情。至于辞色，却是我的，假借些儿何害？"余深感之，因识而改焉。

[注释]

①年友：科举时，同榜登科的好友。

[译文]

我对待小人没有办法给予好脸色，因此小人常常感到很难堪，无法忍受。我的同年好友王道源劝告说："现在做官千万不要这样。

法度是朝廷规定的，财货是百姓生产的，这些都不能妥协折中。至于表情，却是自己的，假借一些又有什么关系?”我听了这话深有感触，因此就记录下来努力改正。

2.029　一友与人争而历指其短。予曰：“于十分中君有一分不是否?”友曰：“我难说没一二分。”予曰：“且将这一二分都没了，才好责人。”

［译文］

一个朋友与人发生争执，一一列举和指责对方的短处。我问他说：“难道十分道理中先生就没有一分不是吗?”朋友回答说：“我也不能说没有一二分的不是。”于是我劝他说：“你且将这一二分不是都消除了，才好指责别人。”

2.030　士大夫殃及子孙者有十：一曰优免[1]太侈，二曰侵夺太多，三曰请托灭公[2]，四曰恃势陵人，五曰困累乡党，六曰要结权贵、损国病人，七曰盗上剥下、以实私橐，八曰簧鼓[3]邪说、摇乱国是，九曰树党报复、阴中善人，十曰引用邪昵[4]、虐民病国。

［注释］

①优免：如免税、免役等。②灭公：灭，损害。③簧鼓：笙竽等乐器皆有簧，吹之则鼓动出声。比喻巧言惑人。④邪昵：邪恶而又与己亲密者。

［译文］

做官的人会在以下十个方面给子孙带来祸害：一是骄奢淫逸；二是强取豪夺；三是徇私损公；四是仗势欺人；五是困累乡党；六是巴结权贵，损国害民；七是欺上瞒下，中饱私囊；八是搬弄是非，扰乱国是；九是结党营私，暗害好人；十是举荐奸邪，任人唯亲，欺压百姓，危害国家。

2.031　智者不与命斗，不与法斗，不与理斗，不与势斗。

[译文]

明智的人不与命运争斗，不与法律争斗，不与天理争斗，不与时势争斗。

2.032　入庙不期敬而自敬，入朝不期肃而自肃，是以君子慎所入也。见严师则收敛，见狎友则放恣，是以君子慎所接也。

[译文]

进入宗庙自然而然地起恭敬之心，进入朝廷自然而然地生严肃之心，因此君子对所去之处要慎重。看见严厉的老师就会收敛，看见亲密的朋友就会放肆，因此君子与人结交要谨慎。

2.033　涵养如培脆萌，省察如搜田蠹，克治如去盘根。涵养如女子坐幽闺，省察如逻卒缉奸细，克治如将军战勍敌。涵养用勿忘勿助工夫，省察用无怠无荒工夫，克治用“是绝是忽”①工夫。

[注释]

①“是绝是忽”：语出《诗经·大雅·皇矣》。忽，绝灭的意思。

[译文]

提高涵养就像培植刚长出的萌芽，反省检讨就像搜寻田间的蠹虫，克制改正就像除去盘根。提高涵养就像女子坐在幽静的闺房，反省检讨就像巡逻的士兵缉拿奸细，克制改正就像将军与强敌作战。提高涵养要在念念不忘、依靠自己上努力，反省检讨要在防止偷懒、荒疏上努力，克制改正要在果断、坚决上努力。

2.034　恣纵既成，不惟礼法所不能制。虽自家悔恨，亦制自家不得。善爱人者无使恣纵，善自爱者亦无使恣纵。

［译文］

放纵成了习惯，不仅礼法管束不了，就是自己悔恨不已，也无法约束自己。善于爱护别人的人，就不要使人放纵；善于自爱的人，也不要自我放纵。

2.035 士君子澡心浴德，要使咳唾为玉，便溺皆香，才见工夫圆满。若灵台中有一点污浊，便如瓜蒂藜芦入胃，不呕吐尽不止，岂可使一刻容留此中耶？夫如是，然后溷厕可沉，缁泥可入。

［译文］

士人君子纯洁身心，修养道德，一定要达到使咳唾为玉（即发言皆金玉）、便溺皆香（即身后留馨香）的境界，才可见功德圆满。如果心中有一点点污浊，就会像将瓜蒂藜草吃到肠胃中，不呕吐净尽不止，岂可让这些污浊在心中容留一刻？如果能做到这些，然后出污泥而不染，即使厕所也可沉入其中，黑泥也可涉足了。

2.036 猥繁拂逆，生厌恶心，奋宁耐之力；柔艳芳浓，生沾惹心，奋跳脱之力；推挽冲突，生随逐心，奋执持之力；长途末路，生衰歇心，奋鼓舞之力；急遽疲劳，生苟且心，奋敬慎之力。

［译文］

庞杂烦琐、违逆不顺会令人产生厌恶的心理，这时要坚持忍耐；温柔艳丽、芳香浓郁会让人产生沾惹的心理，这时要奋发摆脱；坎坷不平、跌撞冲突会使人产生随波逐流的心理，这时要坚定信念；长途跋涉、穷途末路会使人产生松懈的心理，这时要振作鼓励；急切突然、疲于应付会使人产生苟且的想法，这时要严谨慎重。

2.037　无以小事动声色，亵大人之体。

［译文］

不要因为小事大动肝火，这样有害自己的身心。

2.038　其恶恶不严者，必有恶于己者也；其好善不亟[1]者，必无善于己者也。仁人之好善也，不啻口出，其恶恶也，迸诸四夷，不与同中国。孟子曰："无羞恶之心，非人也。"[2]则恶恶亦君子所不免者。但恐为己私作恶，在他人非可恶耳。若民之所恶而不恶，谓为民之父母，可乎？

［注释］

①亟：尽。②"无羞恶之心"二句：语出《孟子·公孙丑上》："无恻隐之心，非人也；无羞恶之心，非人也；无辞让之心，非人也；无是非之心，非人也。"

［译文］

对恶不深恶痛绝的人，自己本身必有恶行；对善不强烈喜欢的人，自己必然有不善的行为。仁义之人的好善，不只是口头说说而已，其厌恶邪恶，恨不得把恶丢弃到四夷之地去，不让恶和自己共存于中国。孟子说："无羞恶之心，就不是人。"因此，厌恶邪恶也是君子在所不能免的。但恐怕为了自己的私利而作恶，而在他人看来却并不可恶。如果民众厌恶的自己却不感到厌恶，那又称得上什么民众的父母官呢？

2.039　懒散二字，立身之贼也，千德万业日怠废而无成，千罪万恶日横恣而无制，皆此二字为之。西晋仇礼法而乐豪放，病本正在此安肆日偷[1]。安肆，懒散之谓也，此圣贤之大戒也。甚么降伏得此二字？曰勤慎。勤慎者，敬之谓也。

[注释]

①安肆日偷：《礼记·表记》："君子庄敬日强，安肆日偷。"

[译文]

懒散这两个字，是君子立身行世的大害，各种德业日益怠惰荒废，一事无成，各种罪恶日益横行放纵，没有约束，都是这两个字所造成的恶果。西晋名士仇视礼法，追求豪放，其病因就在于安肆日偷即放纵苟且而无拘束。安肆，所说的也就是懒散，这是圣贤修养身心的大戒。那么，什么能够降伏这两字大害呢？只有勤慎。而勤慎，所说的正是敬。

2.040　或问修己之道，曰：无"鲜克有终[①]"。问治人之道，曰："无忿疾于顽。[②]"

[注释]

①鲜克有终：鲜，少；克，能。《诗经·大雅·荡》："靡不有初，鲜克有终。"指有始无终。②无忿疾于顽：忿疾，忿怒憎恶。《尚书·君陈》："尔无忿疾于顽。"孔传："人有顽嚚不喻，汝当训之，无忿怒疾之。"

[译文]

有人问修养身心的方法，回答是：不要有始无终。问治理民众的方法，回答是：对愚顽之人不愤激发怒。

2.041　静定[①]后看自家是甚么一个人。

[注释]

①静定：语出《大学》第一章。原文为："知止而后有定，定而后能静，静而后能安，安而后能虑，虑而后能得。"

[译文]

在心平气和之后，再看看自己是个什么样的人。

2.042　余参政东藩[①]日，与年友张督粮临碧在座。余以朱判封，笔浓字大，临碧曰："可惜！可惜！"余擎笔举手曰："年兄此一念，天下受其福矣。"判笔一字，所费丝毫朱耳，积日积岁，省费不知几万倍。充用朱之心，万事皆然。天下各衙门积日积岁，省费又不知几万倍。且心不侈然自放，足以养德；财不侈然浪费，足以养福。不但天物不宜暴殄[2]，民膏不宜慢弃而已。夫事有重于费者，过费不为奢；省有不废事者，过省不为吝。余在抚院日，不俭于纸而戒示吏书片纸皆使有用。比见富贵家子弟用财货如泥沙，长余之惠既不及人，有用之物皆弃于地，胸中无不忍一念，口中无可惜二字。人或劝之，则曰："所值几何？"余尝号为沟壑之鬼，而彼方侈然自快，以为大手段不小家势。痛哉！儿曹志之。

[注释]

①参政东藩：吕坤在明神宗万历十六年（1588）曾任济南道参政。②暴殄：殄，灭绝，残害。《尚书·武成》："今商王受无道，暴殄天物，害虐烝民。"暴殄天物，任意残害天生万物。

[译文]

我在任济南道参政的时候，与同年登科的朋友、督粮道张临碧在一起闲坐。我用朱砂写的"判"字，颜色浓字体大，张临碧说："可惜！可惜！"我拿着笔举起手说："年兄的这一个念头，会使天下人得福啊！"一个"判"字，所费的朱墨不过几毫，但日积月累，节约和浪费之间不知道相差多少万倍。把节约朱墨的用心推而广之，什么事情都是这样。如果天下所有衙门都这样，日积月累，节约和浪费一比较，不知道又会相差多少万倍。况且如果不放纵奢侈之心，还能修养道德；不奢侈浪费财物，又能积养福泽，不光是不该暴殄天物、浪费民财而已。如果事情需要破费，花得再多也不是奢侈；如果节省而不会误事，再节省也不是吝啬。我在抚院的时候，对用纸并不吝啬，但告诫手下的文书要使每一张纸都要有用。

后来见到富家子弟挥金如土，用剩的东西不肯送人，还有用的东西就都扔掉，心中没有一点不忍心的念头，嘴上从不说“可惜”这两个字。有人相劝，他们就说：“这能值几个钱?”我曾把他们称为沟壑之鬼，而他们却以奢侈为乐，认为这是有气派、不小家子气。真让人痛心啊！儿孙们应该记住这些。

2.043　今人苦不肯谦，只要拿得架子定，以为存体。夫子告子张，从政以无小大、无众寡、无敢慢为不骄。而周公为相，吐握、下白屋[①]，甚者父师有道之君子[②]，不知损了甚体？若名分所在，自是贬损不得。

［注释］

①吐握、下白屋：吐握，吐哺握发的简称。《史记·鲁周公世家》：“周公戒百禽曰：我文王之子，武王之弟，成王之叔父，我于天下亦不贱矣，然我一沐三捉发，一饭三吐哺，起以待士，犹恐失天下贤人。子之鲁，慎无以国骄人。”白屋，古代平民住屋，因屋不施彩，故称白屋。②父师有道之君子：《史记·齐太公世家》载，周文王、周武王曾拜吕尚为父师。刘向《别录》：“师之、尚之、父之，故曰师尚父。”

［译文］

现在的人就是不肯谦虚，只要拿架子，就以为是体面。孔子曾告诫子张：从政时无论国家大小、人口多少，都不能疏忽轻视，这才叫做不骄。周公做宰相，吃饭时吐掉食物、沐浴时握住头发而出来接待贤士，亲自造访平民百姓。更有甚者，以道德高尚的人为父师。这样做不知失了什么体面？如果名誉地位到了一定程度，自然贬损不了。

2.044　清无事澄，浊降则自清；礼无事复，己克则自复。去了病便是好人，去了云便是晴天。

[译文]

本来就清的水不需要专门澄清，等浊物沉下去了，自然就恢复清澈。礼法没必要去刻意恢复，克制私欲，约束自己，自然就恢复。病没了人自然就恢复健康，云彩散了自然就是晴天。

2.045　要得富贵福泽，天主张，由不得我；要做贤人君子，我主张，由不得天。

[译文]

要得到富贵福泽，那是上天决定的事情，由不得我；要做个贤人君子，那是我自己决定的事情，与上天无关。

2.046　为恶再没个勉强底，为善再没个自然底，学者勘破此念头，宁不愧奋？

[译文]

作恶不是被人勉强的，行善也不是内心自愿的，学者明白了这个道理，怎能不羞愧、发奋？

2.047　不为三氏奴婢，便是两间翁主。三氏者何？一曰气质氏。生来气禀在身，举动皆其作使，如勇者多暴戾、懦者多退怯是矣；二曰习俗氏。世态既成，贤者不能自免，只得与世浮沉，与众依违，明知之而不能独立；三曰物欲氏。满世皆可殢之物，每日皆徇欲之事，沉痼留连至死不能跳脱。魁然七尺之躯，奔走三家之门，不在此则在彼，降志辱身，心安意肯，迷恋不能自知，即知，亦不愧愤。大丈夫立身天地之间，与两仪参，为万物灵，不能挺身自竖而依门傍户于三家，轰轰烈烈以富贵利达自雄，亦可怜矣！余即非忠臧义获[①]，亦豪奴悍婢人也，咆哮踯躅，不能解粘去缚，安得挺然脱然，独自当家为两间一主人翁，可叹可恨。

［注释］

①忠臧义获：忠实的奴婢。臧，男奴隶；获，古代对女婢的贱称。

［译文］

如果不当三氏奴婢，就是天地间的主人。三氏是什么呢？一是气质氏，人生来就具有，行为举止都受它支配，如勇敢的人大都暴戾、怯懦的人大都畏缩就是气质使然。二是习俗氏，社会风气已经形成，贤明的人也无法超脱，只能随波逐流，明知不对也不能保持独立。三是物欲氏，满世界都是可贪之物，每天都有放纵之事，沉溺其中至死不能超脱。以堂堂七尺之躯，奔走于三家之门，不在这家就在那家，丧失气节、污浊声誉而心安理得，迷恋其中而不明白，即使明白，也不觉羞愧而发愤。大丈夫立身天地之间，与阴阳两仪为伴，为万物之灵，却不能挺身独立而依傍于三氏之家，以轰轰烈烈、富贵利达而自鸣得意，也真是太可怜了。我即便不是（三氏）忠实的奴婢，也只是一个凶悍的仆人，咆哮发怒、徘徊挣扎而不能摆脱束缚、安然超脱，独立自主而为天地间一主人，真是可叹可恨。

2.048　亡我者我也。我不自亡，谁能亡之？

［译文］

灭亡自己的人，就是自己本身。如果人自己不使自己灭亡，又有谁能够使之灭亡呢？

2.049　自家作人自家十分晓底，乃虚美薰心而喜动颜色，是谓自欺；别人作人自家十分晓底，乃明知其恶而誉侈口颊，是谓欺人。此二者皆可耻也。

［译文］

自己是什么样的人自己十分清楚，却虚荣自夸而喜形于色，这叫自欺；别人是什么样的人自己十分清楚，明知其缺点却肉麻吹捧，这叫欺人。这两者都是可耻的。

2.050 “知”“觉”两字，奚翅[①]天渊。致了知才觉，觉了才算知，不觉算不得知。而今说疮痛人人都知，惟病疮者谓之觉。今人为善、去恶不成，只是不觉，觉后便由不得不为善、不去恶。

[注释]

①奚翅：也作“奚啻”，何止，岂但。

[译文]

“知”“觉”两个字，有天渊之别。达到“知”之后才能“觉”，“觉”了才算“知”，不“觉”就不能算是“知”。如今说起疮痛人人都知道，可只有生疮的人才叫做觉悟，现在人们不能行善去恶，就是因为不觉悟，觉悟了就会不由自主地行善、去恶。

2.051 顺其自然，只有一毫矫强便不是；得其本有，只有一毫增益便不是。

[译文]

有一点矫揉造作就不叫顺其自然；有一点添油加醋就不叫得其本有。

2.052 度之于长短也，权之于轻重也，不爽毫发也，要个掌尺提秤底。

[译文]

尺对于长短，秤对于轻重，丝毫不差，关键是要有掌尺提秤的人。

2.053　四端[①]自有分量，扩充到尽处，只满得原来分量，再增不得些子。

［注释］

①四端：儒家称人应有的四种德性。《孟子·公孙丑上》："恻隐之心，仁之端也；羞恶之心，义之端也；辞让之心，礼之端也；是非之心，智之端也。人之有四端也，犹其有四体也。"

［译文］

四种美德都有一定的限度，扩充到极限，达到了其原来的限度，就再不能增加了。

2.054　见义不为、立志无恒，只是肾气不足。

［译文］

见义不为，立志不常，只是因为肾气不足。

2.055　清人不借外景为襟怀，高士不以尘识染情性。

［译文］

心境清旷的人不用借助外景抒发胸怀，品德高尚的人不会被世俗偏见污染。

2.056　古之士民，各安其业，策励精神，点检心事。昼之所为，夜而思之，又思明日之所为。君子汲汲[①]其德，小人汲汲其业，日累月进，旦兴晏息，不敢有一息惰慢之气。夫是以士无慆[②]德，民无怠行；夫是以家给人足，道明德积，身用康强，不即于祸。今也不然，百亩之家不亲力作，一命之士不治常业，浪谈邪议，聚笑觅欢，耽心耳目之玩，骋情游戏之乐，身衣绮縠[③]，口厌刍豢[④]，志溺骄佚，懵然不知日用之所为，而其室家土田百物往来之费又足以荒志而养其淫，消耗年华，妄费日用。

噫！是亦名为人也，无惑乎后艰之踵至也。

[注释]

①汲汲：心情急切的样子。②慆：怠慢。③绮縠：绮，有花纹的丝织品。縠，绉纱。④刍豢：泛指家畜，这里指各种肉食。

[译文]

古代的民众，安居乐业，勤勉努力，省察内心，白天做过的事情，到了晚上便进行反思，然后再考虑明天要干的事情。君子时刻修养自己的品德，民众时刻经营自己的产业，日累月进，早起晚睡，不敢有一点懒惰的念头。那样，君子就没有违反道德的事情，民众也就没有懒惰的行为；因此家境殷实，衣食丰足，道德高尚，身体健康，也就没有什么灾祸发生。现在就不一样了，有数百亩田地的人家不自己耕种，被任命的官员不恪尽职守，整日信口雌黄，寻欢作乐，沉醉于声色玩笑，纵情于嬉闹享乐；身上穿着绫罗绸缎，嘴里吃着珍馐佳肴，意志消沉，骄奢淫逸，昏昏迷迷，不知每天都在干什么，而其家庭财产收入又足以使他心志荒怠，淫逸成性，空掷年华，妄费日用。唉！这种人也叫做人！毫无疑问，这样下去艰难困苦就会接踵而来了。

2.057　难管底是任意，难防底是惯病，此处着力，但是穴上着针，痒上着手。

[译文]

难以管制的是任意，难以防止的是习惯的毛病，在这些地方发力，就好像在穴位上扎针，在痒处抓挠一样。

问　学

2.058　读书人最怕诵底是古人语，做底是自家人。这等读书，虽闭户十年，破卷五车，成甚么用？

［译文］

读书人最怕的是学习古代的圣贤之道，而做起事来，却依然我行我素。如果这样去读书，即使是闭门谢客，博览群书，又能有什么用呢？

2.059　能辨真假，是一种大学问。世之所抵死奔走者，皆假也。万古惟有真之一字磨灭不了，盖藏不了。此鬼神之所把握，风雷之所呵护。天地无此不能发育，圣人无此不能参赞。朽腐得此可为神奇，鸟兽得此可为精怪。道也者，道此也；学也者，学此也。

［译文］

能够辨别真假，是一门很大的学问。世人奔波劳碌拼命追求的东西，其实都是虚假的。自古以来，只有真实无法磨灭，无法掩藏。真实由鬼神把握，由风雷保护。天地离开真实就不能形成发展，圣人离开真实就无法参赞教化。有了真实，就可以化腐朽为神奇，使鸟兽成精怪。所谓修道，修的就是这，所谓学习，学的也是这。

2.060　不由心上做出，此是喷叶学问；不在独中慎起，此是洗面工夫。成得甚事？

［译文］

不是由自己心中认识得出的，就像种树只往叶子上浇水一样，是肤浅的学问；在独处时不谨慎严格，就如同只洗脸不洗全身一样，只是表面的功夫。能成就什么事业呢？

2.061　上吐下泻之疾，虽日进饮食，无补于憔悴；入耳出口之学，虽日事讲究，无益于身心。

[译文]

得了上吐下泻的疾病，虽然每天照常饮食，但憔悴的身体依然不会有所补益；对于听了就忘、不存心上的学问，即使天天潜心研究，对身心也没有任何益处。

2.062　学者只是气盈，便不长进。含六合如一粒，觅之不见；吐一粒于六合，出之不穷，可谓大人矣。而自处如庸人，初不自表异；退让如空夫，初不自满足，抵掌攘臂视世无人，谓之以善服人则可。

[译文]

学者如果骄傲自大，就不会进步。将天地四方包含收尽，欲寻之而不见；将所包含发至天地四方，则用之不穷，这真可以称作伟大的人。而自己只把自己当做普通人，从不标新立异；自己常退避谦让像没有知识的人，从不自我满足，骄傲自大，目中无人。这可以叫做以善服人。

2.063　劝学者，歆之以利名；劝善者，歆之以福祥。哀哉！

[译文]

劝人学习的人，以利禄功名相激励；劝人行善的人，以福祉祯祥相激励。这样做真可悲啊！

2.064　工夫全在冷清时，力量全在浓艳时。

[译文]

冷清寂寞的时候可以表现出一个人的修养功夫，红火热闹的时候可以表现出一个人的自制力量。

2.065　自天子以至于庶人，自尧舜以至于途之人，必有所以汲汲皇皇[1]者，而后其德进、其业成。故曰鸡鸣而起，舜、跖之徒皆有所孳孳也。无所用心，孔子忧之曰："不有博弈者乎？"惧无所孳孳者，不舜则跖也。今之君子纵无所用心而不至于为跖，然饱食终日，惰慢弥年，既不作山林散客，又不问庙堂急务，如醉如痴，以了日月，《易》所谓"君子进德修业，欲及时也"，果是之谓乎？如是而自附于清品高贤，吾不信也。孟子论历圣道统心传，不出"忧勤惕励"四字，其最亲切者，曰："仰而思之，夜以继日，幸而得之，坐以待旦。"此四语不独作相，士农工商皆可作座右铭也。

[注释]

①汲汲皇皇：急切、紧张貌。

[译文]

从皇帝到平民百姓，从尧、舜以至于路上的行人，都有紧张努力、不懈追求的人，这样道德修养才能不断提高，事业才能有所成就。因此说鸡鸣而起，虞舜、盗跖那样的人都有所执著追求的目标。没有任何目标，孔子为之忧虑地说："不是有掷采下棋的游戏吗？干干也比闲着好啊！"害怕这些无所事事的人不是成为虞舜一类的人就会成为盗跖之流的人。当然现在这些君子，就是无所用心也不至于成为盗跖。但是饱食终日，成天懒惰散漫，既不做清心寡欲的隐士，也不关心国家的燃眉之急，浑浑噩噩，虚度年华。《易经》所说的"君子进德修业，欲及时也"，难道就是这样吗？像这样还自认为是清品高贤之人，我是不相信的。孟子论述历代圣人学问的传承，总是讲"忧勤惕励"四个字。其中最亲切的就是："仰而思之，夜以继日，幸而得之，坐以待旦。"这四句话，不仅对宰相，而且对士、农、工、商之人来说，也都可以作为座右铭。

2.066　今之为举子文者，遇为学题目，每以知行作比，试思知个甚么，行个甚么？遇为政题目，每以教养作比，试问做官养了那个，教了那个？若资口舌浮谈以自致其身，以要国家宠利，此与诓骗何异？吾辈宜惕然省矣。

［译文］

现在应试的人，遇到为学的题目，总是以知行为论点，试想应该知什么？行什么？遇到为政的题目，总是以教养为论点，试问做官养了哪个？教了哪个？如果只是凭空谈来达到做官的目的，博取国家的信任和利益，这和诓骗有什么区别呢？我们应警惕醒悟。

2.067　世间无一件可骄人之事，才艺不足骄人，德行是我性分事，不到尧、舜、周、孔便是欠缺，欠缺便自可耻，如何骄得人？

［译文］

世上没有一件事值得骄傲自大，才艺不值得骄傲，德行是应该具备的，没有达到尧、舜、周公、孔子的境界，就是有欠缺，有欠缺就会觉得羞愧，怎么还会骄傲呢？

2.068　圣学下手处是无不敬，住脚处是恭而安。

［译文］

学习圣贤之道，要从无不敬开始，以恭而安结束。

2.069　己所独知，尽是方便；人所不见，尽得自由。君子必兢兢然细行必谨，小物不遗者，惧工夫之间断也，惧善念之停息也，惧私欲之乘间也，惧自欺之萌蘖也，惧一事苟而其余皆苟也，惧闲居忽而大庭亦忽也。故广众者幽独之证佐，言动者意念之枝叶。意中过、独处疏，而十目十手能指视之者，枝叶证佐上得之也，君子奈何其慢独？不然苟且于人不见之时，而矜持于视尔友之际，岂得自然？岂能周悉？徒尔劳心，而慎独君子已见其肺肝矣。

［译文］

只有自己知道，就得以听任自便；别人看不到，就得以放任自由。君子一定兢兢业业，谨小慎微，之所以细小之处也不放过，是怕修养间断、善念停息、私欲乘隙而入，怕自欺的念头萌发，怕一件事苟且而其他事都跟着马虎，怕闲居时疏忽惯了在正式场合也会怠慢。因此通过大庭广众之下的表现，可以看出隐居独处时的行为。语言行动是内心意识的表现，意识中有过错，独处时有疏忽，任何人都能从其语言行动和在大庭广众之下的表现看得出来，君子怎么能轻视这些呢？否则，在他人看不见的时候苟且马虎，而在朋友面前装作端庄，怎么能够做得自然、天衣无缝呢？那只是煞费苦心徒劳无益罢了，而那些能够慎独的君子早已经看穿你的内心了。

2.070　屋漏之地，可服鬼神，室家之中，不厌妻子，然后谓之真学真养。勉强于大庭广众之中，幸一时一事不露本象，遂称之曰贤人君子，恐未必然。

［译文］

一人独处时，行为可使鬼神信服，和妻子在一起时，行为一样端庄，这样才是有真正的学问和修养。勉强在大庭广众之下、侥幸一时一事没有露出本来面目，就称之为贤人君子，恐怕未必是这样。

2.071　冰见烈火，吾知其易易也。然而以炽炭铄坚冰，必舒徐[①]而后尽；尽为寒水，又必待舒徐而后温；温为沸汤，又必待舒徐而后竭。夫学岂有速化之理哉？是故善学者无躁心，有事勿忘从容以俟之而已。

[注释]

①舒徐：舒缓，从容。

[译文]

坚冰遇到烈火，我们就可以看出它很容易融化。用热炭来融化坚冰，就必须慢慢地进行；坚冰完全化成寒水后，必须经过缓慢的过程而逐渐加温；温水变为沸汤后，又必须经过缓慢的过程而蒸发熬干。那么学问怎能有速成的道理呢？因此善于学习的人不要有急躁的心理，遇到事情不要忘记从容不迫，以待积少成多。

2.072　善学者如闹市求前，摩肩重足，得一步便紧一步。

[译文]

善于学习的人，就像在闹市中向前行进，摩肩接踵，一步紧跟一步向前走。

2.073　学识一分不到，便有一分遮障，譬之掘河分隔，一界土不通，便是一段流不去，须是冲开，要一点碍不得。涵养一分不到，便有一分气质，譬之烧炭成熟，一分木未透，便是一分烟不止，须待烧透，要一点烟也不得。

[译文]

学识有一分欠缺，就会有一分障碍，就像分段挖河一样，有一段土没有挖开，那一段水就流不过去，必须将其冲开，一点障碍也不能留。涵养有一分欠缺，就会有一分气质，就像烧炭一样，有一分木头没有烧透，就仍会冒烟不止，必须将其烧透，不能有一点烟才行。

2.074　除了“中”字，再没道理；除了“敬”字，再没学问。

［译文］

除了中庸的“中”字，再没有其他道理可言；除了恭敬的“敬”字，再没有其他学问可做。

2.075　强恕是最拙底学问，“三近[①]”人皆可行，下此无工夫矣。

［注释］

①三近：《中庸》：“子曰：‘好学近乎知，力行近乎仁，知耻近乎勇。’”

［译文］

努力地推行推己及人之道，是最笨拙的学问。“三近”，人人都可以去做，除此以外就没有其他功夫了。

2.076　体认要尝出悦心真味，工夫更要进到百尺竿头，始为真儒。向与二三了暑月饮池上，因指水中莲房以谈学问。曰：山中人不识莲，于药铺买得干莲肉，食之称美。后入市买得久摘鲜莲，食之更称美也。余叹曰：渠食池上新摘，美当何如？一摘出池，真味犹漓。若卧莲舟，挽碧筒就房而裂食之，美更何如？今之体认，皆食干莲肉者也。又如这树上胡桃，连皮吞之，不可谓之不吃，不知此果须去厚肉皮，不则麻口；再去硬骨皮，不则损牙；再去瓤上粗皮，不则涩舌；再去薄皮内萌皮，不则欠细腻。如是而渍以蜜，煎以糖，始为尽美。今之工夫，皆囫囵吞胡桃者也。如此体认，始为精义入神；如此工夫，始为义精仁熟。

［译文］

体会、认识要领略到其中真正的含义，修养的功夫达到百尺竿头，这才是真正的儒者。我曾经在夏天与两三位朋友在池边饮酒，大家以水中的莲房为例谈论学问。一位朋友说：“山里的人不认识莲花，在药铺买到干莲子，吃了以后说很好吃。后来到集市上买到摘了很长时间的莲子，吃了以后觉得味道更美。”我感叹地说：“如果这个人吃了从池中新摘的莲子，不知要觉得味道多美呢？莲子一从池中摘出来，其新鲜的味道已经失去了不少。如果卧于采莲舟中，挽着莲蓬柄够着莲房，剥出莲子吃，那么其美味又如何呢？现在的人对学问的认识就像那个吃干莲子的人一样。又譬如这树上的胡桃，如果连皮吞下去，不能说不行，但不知吃这种果实需要去掉厚皮，不然吃了就会嘴麻；还必须去掉硬皮，不然会损坏牙齿；再去掉瓤上的粗皮，不然就会舌头发涩；再去掉薄皮内的膜皮，不然吃起来就不细腻。这样剥完了再用蜜腌渍，再用糖煎一下，才算是真正的味美。现在人们做学问，都好像囫囵吞下胡桃一样。只有像上述所说的那样去理解认识，才叫“精义入神”。这样的功夫，才叫“义精仁熟”。

2.077　学问之道便是正也，怕杂。不一则不真，不真则不精。入万景之山处处堪游，我原要到一处，只休乱了脚；入万花之谷朵朵堪观，我原要折一枝，只休花了眼。

［译文］

学问之道在于纯正，忌杂乱。不专一就不纯正，不纯正就不精深。万景之山处处都值得游览，我本来就只要到一处，不要乱了脚步；万花之谷朵朵都值得观赏，我本来就只要摘一朵，不要看花了眼。

2.078　日落赶城门，迟一脚便关了，何处止宿？故学贵及时；悬崖抱孤树，松一手便脱了，何处落身？故学贵著力。故伤悲于老大，要追时除是再生；既失于将得，要仍前除是从头。

［译文］

赶在日落前进城门，迟一步门就关了，到哪里去投宿安身呢？所以求学贵在及时；在悬崖上抱着一棵孤树，手一松便掉下去，到哪里落身？所以求学贵在用力。所以等到老大伤悲时，要追回时光除非再生；失去本来可得的，要像从前一样除非从头开始。

2.079　学问要诀只有八个字：涵养、德性、变化、气质。守住这个，更莫向迷津问渡。

［译文］

学问的要诀只有八个字：涵养、德性、变化、气质。把握住这个要诀就不用再走弯路。

2.080　有希天之学，有达天之学，有合天之学，有为天之学。

［译文］

有企求天的学问，有通达天意的学问，有天人合一的学问，有替代天的学问。

2.081　点检将来，无愧心、无悔言、无耻行，胸中何等快乐？只苦不能。所以君子有终身之忧。常见王心斋学乐歌，心颇疑之。乐是自然养盛所致，如何学得？

［译文］

将来在检讨自己时，没有羞愧之心，没有后悔之言，没有可耻之行，心中是何等的快乐？只是苦于做不到。所以君子有终身之忧。常常看见王心斋学乐歌，心里很是怀疑，乐是自然而成的，怎么能够学呢？

2.082　除不了我，算不得学问。

[译文]

心中消除不了自我的观念，就算不得学问修养。

2.083　塞乎天地之间，尽是浩然了。愚谓根荄须栽入九地[①]之下，枝梢须插入九天[②]之上，横拓须透过八荒[③]之外，才是个圆满工夫、无量学问。

[注释]

①九地：沙泥、泽地、沚涯、下田、中田、上田、下山、中山、上山。②九天：钧天、苍天、变天、玄天、幽天、颢天、朱天、炎天、阳天。③八荒：指东、西、南、北四方和东南、东北、西南、西北四隅。

[译文]

弥漫于天地之间的，都是浩然之气。我认为浩然之气应该根植于九地之下，拔杆于九天之上，横枝于八荒之外，才能达到功夫圆满、学问没有限量的境界。

呻吟语卷三

应　务

3.001　人定真足胜天，今人但委于天，而不知人事之未定耳。夫冬气闭藏不能生物，而老圃能开冬花结春实；物性蠢愚不解人事，而鸟师能使雀弈棋、蛙教书，况于能为之人事，而可委之天乎？

［译文］

人定胜天，可是现在人们却把命运托付给自然，而不知道经过人的努力之后，事情的定数还没有最后决定呢！严寒的冬季，万物停止生长，但是老园丁能使植物绽放花朵，在春天结果实。动物愚蠢不解人事，但是驯鸟师能使雀对弈、蛙教书。更何况人经过努力能够做到的事情，一定要委托于天吗？

3.002　众人之所混同，贤者执之；贤者之所束缚，圣人融之。

[译文]

众人分辨不清楚的东西，贤者可以做到；贤者无法分辨的东西，圣人能够融会贯通。

3.003　做天下好事，既度德量力，又审势择人。“专欲难成，众怒难犯”①，此八字者，不独妄动人宜慎，虽以至公无私之心，行正大光明之事，亦须调剂人情，发明事理，俾大家信从，然后动有成，事可久。盘庚迁殷，武王伐纣，三令五申，犹恐弗从。盖恒情②多暗于远识，小人不便于己私，群起而坏之，虽有良法，胡③成胡久？自古皆然，故君子慎之。

[注释]

①专欲难成，众怒难犯：《左传》襄公十年：“子产曰：‘众怒难犯，专欲难成。合二难以安国，危之道也。’”②恒情：常情。③胡：怎么。

[译文]

要做好天下的事，既要度德量力，又要审势择人，“专欲难成，众怒难犯”这八个字，不仅是对轻举妄动人的忠告，即使以至公无私之心，行正大光明之事，也要懂得人情世故，讲明事理，使大家信服，然后行动才可以成功，事情才可以永恒。盘庚迁殷，武王伐纣，也需要三令五申，害怕民众不信服。远见卓识常常被人之常情所遮掩，小人遇到不利于自己的事情就会群起而攻之，虽有良策，又怎能成功？怎能长久？自古以来都是如此，所以君子要慎重。

3.004　辨学术，谈治理，直须穷到至处，让人不得。所谓“宗庙朝廷便便言”①者，盖道理古今之道理，政事国家之政事，务须求是乃已。我两人皆置之度外，非求伸我也，非求胜人也，何让人之有？只是平心易气，为辨家第一法，才声高色厉，便是没涵养。

［注释］

①“宗庙朝廷便便言”：语出《论语·乡党》。其文为：“其（孔子）在宗庙朝廷，便便言，唯谨尔。”朱熹注：“便便，辩也。”

［译文］

无论是做学术研究，还是谈论治理国家之道，都必须穷究到底，不能谦让。孔子在宗庙和朝廷上，就敢于畅所欲言，把自己的意见全部表达出来，就是这个道理。真理是古今以来的道理，政事是国家的政事，务须求个正确的意见才能罢休。辩论的双方都要把自己置之度外，不要夹杂自己的感情，不是为了炫耀自己，也不是为了非要胜过别人，而是为了追求真理，所以怎能谦让？但是辩论者首先要注意，态度要心平气和，声高色厉是没有涵养的表现。

3.005　五月缫丝，正为寒时用；八月绩麻，正为暑时用；平日涵养，正为临时用。若临时不能驾驭气质、张主物欲，平日而曰我涵养，吾不信也。夫涵养工夫岂为涵养时用哉？故马蹶而后求辔，不如操持之有常；辐折而后为轮，不如约束之有素。其备之也若迂，正为有时而用也。

［译文］

五月缫丝，正是为寒冷时用；八月织麻，正是为酷热时用；平时修养，正是为临时用。如果到了用时不能驾驭自己，控制物欲，平时却到处说我有修养，这样的话我不相信。修养的功夫难道仅仅是为了修养的时候才用吗？因为马踢了人才知道加辔，不如平时多加训练；因为辐条断了才知道修轮子，不如平时就修理好。准备得如此详备，不正是为了必要时能用吗？

3.006　“因”之一字，妙不可言，因利者无一钱之费，因害者无一力之劳，因情者无一念之拂，因言者无一语之争。或曰：不几于徇乎？曰：此转人而徇我者也。或曰：不几于术乎？曰：此因势而利导者也。故惟圣人善用因，智者善用因。

[译文]

“因”这个字妙不可言，依靠利的就不会费钱，依靠害的就不会费力，依靠人情做事情就不会得罪人，顺着别人说话就不会有言语之争。有人说，这不就像是屈从别人吗？回答说，这样正是让别人顺从我的办法。又有人问，这样做不就像运用权术了吗？回答说，这是因势利导的办法。所以自古以来只有圣人和智者才善于用“因”。

3.007　天下之物，纡徐柔和者多长，迫切躁急者多短。故烈风骤雨，无崇朝之威；暴涨狂澜，无三日之势。催拍促调，非百板之声；疾策紧衔，非千里之辔。人生寿夭祸福，无一不然。褊[①]急者可以思矣。

[注释]

①褊：气量小而性情急躁。

[译文]

天下的事物，纡徐柔和者多长久，迫切躁急者多短促。所以暴风骤雨，没有一早晨的威力；大风大浪，不会持续三天的时间。快拍短调，不是百种乐器发出来的；用力鞭打，不是对待千里马的办法。人生的旦夕祸福都是如此。气量狭小、性情急躁的人可以思考一下这个问题。

3.008　干天下事无以期限自宽，事有不测，时有不给，常有余于期限之内，有多少受用处。

[译文]

干天下任何事情，都不要因为有期限而自我宽余超限，天有不测风云，时间有不充裕之时，所以做事情要给自己留后路。在期限之内留有余地，会受用无穷。

3.009　将事而能弭[①]，当事而能救，既事而能挽，此之谓达权，此之谓才。未事而知其来，始事而要其终，定事而知其变，此之谓长虑，此之谓识。

［注释］

①将事：将要发生的事情。弭：止。

［译文］

能够停止将要发生的事情，纠正正在发生的事情，挽救已经发生的事情，这就是通达，就是才能。事情未发生的时候就知道将来，事情开始的时候就预料到结果，事情确定的时候就知道变数，这就是长虑，就是见识。

3.010　任难任之事，要有力而无气；处难处之人，要有知而无言。

［译文］

担当难做的事，要有力而无气；和难相处的人相处，只要心里明白，不必讲出来。

3.011　善处世者，要得人自然之情，得人自然之情则何所不得？失人自然之情则何所不失？不惟帝王为然，虽二人同行，亦离此道不得。

［译文］

为人处世要知道人情世故，明白其中的道理则何所不得？不明白则办不成事情。不只是适用于帝王，即使两个人在一起，同样离不开这个道理。

3.012　人有言不能达意者，有其状非其本心者，有其言貌诬其本心者。君子观人，与其过察而诬人之心，宁过恕以逃人之情。

[译文]

有些人说话词不达意，表情非其本心，语言掩盖本心。君子观察一个人，与其苛察而诬其本心，不如宽厚一些。

3.013　人情，天下古今所同。圣人防其肆，特为之立中以的之，故立法不可太激，制礼不可太严，责人不可太尽，然后可以同归于道，不然，是驱之使畔也。

[译文]

人情，天下古今所同。圣人为了防备其过于放肆，特别为之设立中庸之道，因此立法不能过于偏激，制定礼仪规范不能过于严厉，责备他人不能不留面子，然后就可以同归于大道，否则就是驱使人离经叛道。

3.014　天下之事，有速而迫之者，有迟而耐之者，有勇而劫之者，有柔而折之者，有愤而激之者，有喻而悟之者，有奖而歆之[①]者，有甚而淡之者，有顺而缓之者，有积诚而感之者。要在相机因时，舛[②]施未有不败者也。

[注释]

①奖而歆之：奖，称赞。歆，悦服。②舛：错乱。

[译文]

天下之事，有迅速而急迫的，有迟缓而需要等待的，有需要勇敢果断的，有以柔和的办法达到目的的，有因愤怒而激发的，有需要启发而顿悟的，有需要奖励而使他高兴的，有欲擒故纵的，有顺从而使事情缓慢下来的，有靠时间而使他感动的。这些方法的关键是要看准时机，否则就一定会失败。

3.015　论眼前事，就要说眼前处置，无追既往，无道远图。此等语虽精，无裨见在也。

［译文］

说眼前的事情，就要说眼前事怎么处理，不要追究以往的事，不要图谋未来的事。那些话虽然精辟，但对现在却没有益处。

3.016　我益智，人益愚；我益巧，人益拙，何者？相去之远而相责之深也。惟有道者，智能谅人之愚，巧能容人之拙，知分量不相及而人各有能不能也。

［译文］

我越有智慧，显得别人越愚蠢；我越灵巧，显得别人越笨拙，为什么呢？这是相差太远、责望太甚的缘故。道德修养高尚的人，能用他的智慧原谅别人的愚蠢，能用他的灵巧容忍别人的笨拙。明白每个人的分量不同，而每个人各有所长所短。

3.017　仆隶下人昏愚者多，而理会人意动必有合，又千万人不一二也。居上者往往以我责之，不合则艴然①怒，甚者继以鞭笞。则彼愈惶惑，而错乱愈甚，是我之过大于彼也。彼不明而我当明也。彼无能事上，而我无量容下也；彼无心之失，而我有心之恶也。若忍性平气，指使而面命之，是两益也。彼我无苦，而事有济，不亦可乎？《诗》曰："匪怒伊教②。"《书》曰："无忿疾于顽③。"此学者涵养气质第一要务也。

［注释］

①艴然：恼怒貌。②匪怒伊教：语出《诗经·鲁颂·泮水》："载色载笑，匪怒伊教。"郑玄注："僖公之至泮宫，和颜色而笑语，非有所怒，于是

有所教化也。”③无忿疾于顽：语出《尚书·君陈》：“尔无忿疾于顽。”孔传：“人有玩嚚不喻，汝当训之，无忿怒疾之。”

[译文]

奴仆下人中，昏愚的占多数，能够理会主人的意思，而且正确地实施的，千万中也不可能有一二人。高高在上的主人以自己的要求责备他，不符合自己的意思就勃然大怒，甚至鞭笞他，这样他就更为诚惶诚恐，错得更加厉害，这是主人的错大于仆人的错。仆人不明白的道理主人应当明白。仆人没有足够的能力服侍主人，而主人也不能容纳下人；仆人是无心造成的错误，主人却是有意作恶。如果能耐着性子，心平气和地告诉下人自己的意思，对双方都有好处。两人都没有苦恼，事情又能解决，何乐而不为？《诗经》中鲁僖公和颜悦色，于是有所教化。《尚书》提到，对于那些顽固不化的人，应当给他们讲道理，不能做出比他们更为愤怒的样子。这点是道德修养的第一要务。

3.018　论理要精详，论事要剀切[①]，论人须带二三分浑厚。若切中人情，人必难堪，故君子不尽人之情，不尽人之过。非直远祸，亦以留人掩饰之路，触人悔悟之机，养人体面之余，亦天地涵蓄之气也。

[注释]

①剀切：切中事理。

[译文]

论理要精辟详尽，论事要切中事理，论人须带二三分厚道。若说中了他的要害，他必定会难堪，因而君子不必完全把内情揭穿，不必尽数别人的过错。这样做不只是远祸，也给别人留一些掩饰的余地，触发他悔改的念头，保留一些做人的体面，这也是天地涵养万物的气量。

3.019　父母在难，盗能为我救之，感乎？曰：此不世之恩也，何可以弗感？设当用人之权，此人求用，可荐之乎？曰：何可荐也。天命有德，帝王之公典也，我何敢以私恩奸之？设当理刑之职，此人在狱，可纵之乎？曰：何可纵也。天讨有罪，天下之公法也，我何敢以私恩骫之。曰：何以报之？曰：用吾身时，为之死可也；用吾家时，为之破可也；其他患难，与之共可也。

［译文］

父母在危难之中，强盗帮我把他们解救出来，我应该感谢他吗？回答说：这是世上罕见的大恩，怎么能不感谢呢？如果有了用人的权利，强盗请求任用，可以推荐他吗？回答说：怎么可以推荐呢！要任用有德的人，这是帝王的重典，怎敢以私恩来破坏呢？假如你担当管理监狱的职务，强盗关在狱中，可以放了他吗？回答说：怎么可以放了他！讨伐有罪的人，这是天下的公法，怎敢以私恩来破坏呢？那用什么方法来报答他呢？回答说：如果需要我的身体，为他去死是可以的；如果需要我的家产，为他破家是可以的；其他的患难，则是可以共同担当的。

3.020　成心者，见成之心也。圣人胸中洞然清虚，无个见成念头，故曰绝四[①]。今人应事宰物都是成心，纵使聪明照得破，毕竟是意见障。

［注释］

①绝四：《论语·子罕》："子绝四：毋意，毋必，毋固，毋我。"绝是无的意思。意，私意。必，期必。固，顽固。

［译文］

成心就是现成的念头。圣人胸中毫无杂念，所以说绝四：不凭空猜测，不绝对肯定，不固执拘泥，不自以为是。现在的人处理事情都是现成的一套，即使聪明有洞察力，现成的念头也成为障碍。

3.021　凡听言要先知言者人品，又要知言者意向，又要知言者识见，又要知言者气质，则听不爽矣。

［译文］

当听别人说话的时候，要知道说话人的人品，又要知道他的意向，还要知道他的见识和涵养，这样就不会有差错了。

3.022　不须犯一口说，不须着一意念，只恁真真诚诚行将去，久则有不言之信，默成之孚[①]。薰之善良，遍为尔德者矣。碱蓬生于碱地，燃之可碱；盐蓬生于盐地，燃之可盐。

［注释］

①孚：信服。

［译文］

不必说一句话，不必有任何念头，只要真真诚诚做事，时间长了，人们自有不言之信，为众人所信服。用善良的美德来熏陶别人，人们就会普遍具有善良的美德。碱蓬生在碱地，燃烧就会生出碱；盐蓬生在盐地，燃烧就会生出盐，就是这个道理。

3.023　世人相与，非面上则口中也。人之心固不能掩于面与口，而不可测者，则不尽于面与口也。故惟人心最可畏，人心最不可知，此天下之陷阱，而古今生死之衢也。予有一拙法，推之以至诚，施之以至厚，持之以至慎，远是非，让利名，处后下，则虽若鸟兽可骨肉而腹心矣。将令深者且倾心，险者且化德，而何陷阱之予及哉？不然，必予道之未尽也。

［译文］

世人相交，不是表现在脸上，就是表现在语言上。人的内心固然不能被表情和语言所掩盖，但深不可测的，不只是表情和语言呀！所以说只有人心最可怕，人心最不可知，它是陷阱，多少人在此作生死的挣扎。我有一个笨方法：用至诚之心待人，用至厚之情待人，用谨慎的态度待人，远离是非之地，谦让名声利益，乐居人后，甘处下风，这样即使再狡猾奸诈的人也会成为自己的心腹。能够使那些城府深的人倾心相处，让那些邪恶的人被道德感化，还有什么陷阱能让我陷入呢？如果做不到这些，那是我做得还不够好的缘故。

3.024　君子与小人共事必败，君子与君子共事亦未必无败，何者？意见不同也。今有仁者、义者、礼者、智者、信者五人焉，而共一事，五相济则事无不成，五有主则事无不败。仁者欲宽，义者欲严，智者欲巧，信者欲实，礼者欲文，事胡以成？此无他，自是之心胜而相持之势均也。历观往事，每有以意见相争至亡人国家，酿成祸变而不顾，君子之罪大矣哉。然则何如？曰：势不可均，势均则不相下，势均则无忌惮而行其胸臆。三军之事，卒伍献计，偏裨谋事，主将断一，何意见之敢争？然则善天下之事亦在乎通者当权而已。

[译文]

君子与小人共事一定要失败，但是君子与君子共事也不一定成功，为什么呢？意见不同。现在有仁者、义者、礼者、智者、信者五人共做一件事，如果五个人能够相互帮助，则事情一定成功，否则一定失败。仁者要宽，义者要严，智者要巧，信者要实，礼者要文，事情怎能成功？没有别的原因，只是好胜心切且势均力敌。纵览历史，多少次因为意见相左以致国家灭亡而不顾的，这样的君子，他们的罪孽就大了。既然这样，那么应该怎么办呢？回答说：势力不可均衡，势均则不相上下，肆无忌惮地按自己的意图做事情。军队中，士兵献计献策，偏将副将谋划策略，主将最后作出决断，哪有意见之争呢？然而要把天下事办好，在于掌权者是通达的人。

3.025 处天下事只消得“安详”二字，虽兵贵神速，也须从此二字做出。然安详非迟缓之谓也，从容详审，养奋发于凝定之中耳。是故不闲则不忙，不逸则不劳。若先怠缓则后必急躁，是事之殃也。十行九悔，岂得谓之安详？

[译文]

处理天下事只需要“安详”二字，虽兵贵神速，但也要从这二字做起。但是安详并不是迟缓，而是从容不迫，在凝定之中厚积薄发。因此不闲则不忙，不逸则不劳。如果开始松懈则以后必定急躁冒进，是事情的祸端。做十件事要后悔九件事，怎么能称之为安详？

3.026 字到不择笔处，文到不修句处，话到不检口处，事到不苦心处，皆谓之自得。自得者，与天遇。

[译文]

写字到了不必选择笔的时候，文章到了句子不必修改的时候，说话到了不必斟酌的时候，处理事情到了不必煞费苦心的时候，都可以称为自得。自得的人可以与天地自然融会贯通。

3.027 无用之朴，君子不贵。虽不事机械变诈，至于德慧术智，亦不可无。

[译文]

无用的朴实，君子不以为贵。虽然君子不用机械奸诈的手段，但至于道德、聪慧、权术、智谋，也不可缺少。

3.028　人情不便处便要回避，彼虽难于言而心厌苦之，此慧者之所必觉也。是以君子体悉人情。悉者，委曲周至之谓也。恤其私，济其愿，成其名，泯其迹，体悉之至也，感人沦于心骨矣。故察言观色者，学之粗也；达情会意者，学之精也。

［译文］

人情有不方便的时候就要回避，对方虽不便说出口，但是心中确实十分厌恶，聪明的人一下子就可以觉察出来。因此君子要体悉人情。悉，就是委曲求周全的意思。体恤他的不便，帮助他实现心愿，使其成名，不留痕迹，这就是到达了极点了，感动人以至于心骨了。因此说察言观色是粗等的学问，达情会意才是高精的学问。

3.029　或问：虑以下人，是应得下他不？曰：若应得下他，如子弟之下父兄，这何足道？然亦不是卑谄而徇人以非礼之恭，只是无分毫上人之心，把上一着、前一步，尽着别人占，天地间惟有下面底最宽，后面底最长。

［译文］

有人问：孔子说要“虑以下人”，即从思想上向别人退让，是这样吗？回答说：如子辈对待父兄，就应该退让，这还用说吗？然而这也并不代表低下地向别人卑躬屈膝，只要没有分毫居于人上之心，只是把上一着、前一步，让别人占点便宜。天地间的事情，只有身处下位的最为广阔，只有身居末位的最为悠长，退一步海阔天空啊！

3.030　轻信骤发，听言之大戒也。

［译文］

轻信别人而立刻表示态度，是听者的大戒。

3.031　水之流行也，碍于刚则求通于柔；智者之于事也，碍于此则求通于彼。执碍以求通，则愚之甚也，徒劳而事不济。

［译文］

水在流动时，有硬物阻挡则绕道而行；聪明的人做事，此处有障碍就在别处通行。固执地在有障碍的地方寻求通达，十分愚蠢，白费工夫事情却做不成。

3.032　计天下大事，只在要紧处一着留心用力，别个都顾不得。譬之弈棋，只在输赢上留心，一马一卒之失，浑不放在心下。若观者以此预计其高低，弈者以此预乱其心目，便不济事。况善筹者以与为取，以丧为得。善弈者饵之使吞，诱之使进，此岂寻常识见所能策哉！乃见其小失而遽沮挠之，摈斥之，英雄豪杰可为窃笑矣，可为恸惋矣。

［译文］

考虑天下大事，只需要在要紧处用心思、花气力，别的都不要管。比如下棋，只在输赢上下工夫，对一马一卒之失，不要放在心上。如果观棋的人以此预测和判断高下，下棋的人因此被扰乱心目，便不会赢。况且善于筹划的人以与为取，以丧为得。善于下棋的人下诱饵等对方上钩，引诱对方前进，这怎么是有寻常见识的人可以策划得了呢！由此可见遭到小的失败就马上止步不前而放弃，英雄豪杰就会为之窃笑，为之哀痛惋惜呀！

3.033　夫势，智者之所借以成功，愚者之所逆以取败者也。夫势之盛也，天地圣人不能裁；势之衰也，天地圣人不能振，亦因之而已。因之中寓处之权，此善用势者也，乃所以裁之振之也。

［译文］

势，智者凭借它成功，而愚者冒犯它遭到失败。势盛的时候，天地圣人不能节制；势衰的时候，天地圣人不能帮助振作，只能依靠它、利用它罢了。在依靠、利用的中间，加上自己的权变，这就是善于用势的人，这也是对势的节制和振作。

3.034　智者之于事，有言之而不行者，有所言非所行者；有先言而后行者，有先行而后言者；有行之既成而始终不言其故者。要亦为国家深远之虑而求以必济而已。

［译文］

智者做事，有只说不做的，有言行不一的；有先说后做的，有先做后说的；有已经做完却始终不说原因的。大体来说都是为国家深谋远虑而希望达到目的罢了。

3.035　实处着脚，稳处下手。

［译文］

在坚实的地方落脚立足，在稳当的地方下手行动。

3.036　当事有四要：际畔要果决，怕是绵；执持要坚耐，怕是脆；机括要深沉，怕是浅；应变要机警，怕是迟。

［译文］

做事有四个要点应注意：遇到机遇要果断抓住，最怕绵软；执行的时候要坚忍不拔，最怕半途而废；谋划的时候要深沉，最怕肤浅；应变的时候要机警，最怕迟缓。

3.037　朝三暮四，用术者诚诈矣。人情之极致，有以朝三暮四为便者，有以朝四暮三为便者，要在当其所急。猿非愚，其中必有所当也。

[译文]

朝三暮四，是善用权术人的常用的方法。人们的想法各不相同，有以早晨得到三个，而晚上得到四个而满足的，有的早晨得到四个，而晚上得到三个而满足的，关键要看当时的需要。猿猴不愚蠢，必定有其中的道理。

3.038　有余，当事之妙道也。故万无可虑之事备十一，难事备百一，大事备千一，不测之事备万一。

[译文]

留有余地，是处世的妙道。因此万无一失的事要防止出现十分之一的错误，难事要防止出现百分之一的错误，大事要防止出现千分之一的错误，难以预料的事要防止出现万分之一的错误。

3.039　有一介必吝者，有千金可轻者，而世之论取与，动曰所值几何，此乱语耳。

[译文]

有时候一文钱也必须吝惜，有时候千金巨款也可以轻看，而世人评论行事，动不动就说值多少钱，这真是一派胡言。

3.040　胸中无一毫欠缺，身上无一些点染，便是羲皇以上人，即在夷狄患难中，何异玉烛春台上。

[译文]

胸中无一毫欠缺，身上无一些点染，此人便是伏羲以前上古时代无忧无虑的人。这样的人即是处于夷狄患难之中，也如同处于气候适宜的境地，如同春日游览胜地。

3.041　被发于乡邻之斗，岂是恶念头？但类于从井救人矣。圣贤不为善于性分之外。

[译文]

在邻居争斗时，披散着头发去劝架，这怎么是不好的念头呢？这只是有点像跳到井里救人罢了。圣人是不会在性分之外做善事的。

3.042　仕途上只应酬，无益人事，工夫占了八分，更有甚精力时候修正经职业？我尝自喜行三种方便，甚于彼我有益。不面谒人，省其疲于应接；不轻寄书，省其困于裁答；不乞求人看顾，省其难于区处。

[译文]

仕途上只靠应酬，对处理人事都没有好处，这里费了工夫八分，哪里还有精力和时间去做正经事？我自己常常喜欢三种方法，对人对我都有益。一是不去拜访人，省得别人疲于应对；二是不轻易写书信，省得双方为回信的事困扰；三是不乞求别人照顾，省得别人难以处理。

3.043　天下之事常鼓舞不见疲劳，一衰歇便难振举。是以君子提省精神不令昏眊，役使筋骨不令怠惰，惧振举之难也。

[译文]

天下的事物经常鼓舞就不会疲劳停止，一旦衰竭了就很难再振作起来。因此君子提起并振作精神而不令其昏沉，经常活动筋骨使之不懈怠，这是为了避免振举的艰难。

3.044　君子之处事也，要我就事，不令事就我。其长民也，要我就民，不令民就我。

[译文]

君子做事情，要主动找事情，不要等事情找我。君子管理人民，要主动接近人民，不要等人民来接近我。

3.045　无谓人唯唯，遂以为是我也；无谓人默默，遂以为服我也；无谓人煦煦，遂以为爱我也；无谓人卑卑，遂以为恭我也。

[译文]

不要以为别人对我唯唯诺诺，就是尊重我；不要以为别人默默无语，就是服气我；不要以为别人对我很客气，就是爱护我；不要以为别人对我卑谦，就是恭敬我。

3.046　语云：一错二误，最好理会。凡一错者必二误，盖错必悔怍，悔怍则心凝于所悔，不暇他思，又错一事。是以无心成一错，有心成二误也。礼节应对间，最多此失。苟有错处，更宜镇定，不可忙乱，一忙乱则相因而错者无穷矣。

[译文]

俗话说“一错二误”，最好理解。一错总是伴随二误，因为做错之后必定后悔，后悔则心中总是想这件事，无心思考其他的事情，又错过了一件事情。因此说无心造成了一个错误，有心造成了两个错误。在礼节应对的时候，最容易出现这样的错误。如果犯错了，不要慌乱，而更要镇定。一慌乱则下面的错误就会更多。

3.047　祸莫大于不仇人而有仇人之辞色，耻莫大于不恩人而诈恩人之状态。

[译文]

灾祸，没有比不仇恨别人却表现出仇恨的颜色和话语更大的了；耻辱，没有比对人无恩却要装作是恩人的样子更大的了。

3.048　余少时曾泄当密之语，先君责之，对曰：已戒闻者使勿泄矣。先君曰：子不能必子之口，而能必人之口乎？且戒人与戒己孰难？小子慎之。

［译文］

我小时候曾经把家里不该说的话告诉了别人，先父责怪我，我对他说："我已经告诫那个人不要说出去了。"先父说："你连自己的嘴都把不住，又怎么能把住别人的嘴呢？况且把住自己的嘴与把住别人的嘴，哪一个更难呢？你以后千万要慎重啊！"

3.049　固可使之愧也，乃使之怨；固可使之悔也，乃使之怒；固可使之感也，乃使之恨。晓人当如是耶？

［译文］

本来可以使他惭愧，却招致抱怨；本来可以使他悔恨，却招致愤怒；本来可以使他感动，却招致怨恨。明白的人能把事情办成这样吗？

3.050　不要使人有过。

［译文］

君子为人行事，不要使人有过失。

3.051　你说底是，我便从，我不是从你，我自从是，何私之有？你说底不是，我便不从，不是不从你，我自不从不是，何嫌之有？

［译文］

你说得对，我就听从你的，我不是听从你，而是听从真理，这有什么私心呢？你说得不对，我就不听从，不是不听从你，而是我不听从错误，这有什么嫌疑呢？

3.052　日用酬酢，事事物物要合天理人情。所谓合者，如物之有底盖，然方者不与圆者合，大者不与小者合，攲者不与正者合。覆诸其上而不广不狭，旁视其隙而若有若无。一物有一物之合，不相苦窳。万物各有其合，不相假借。此之谓天则，此之谓大中，此之谓天下万事万物各得其所，而圣人之所以从容中，贤者之所以精一求，众人之所以醉心梦意、错行乱施者也。

[译文]

在日常生活、交往应对之中，每一件事物都应该合乎天理人情。所谓合，就像器物有底有盖一样，方的与圆的不合，大的与小的不合，歪的与正的不合。盖在上面不大不小，左右看看没有空隙的才是相合。一物必然有另一物与之相合，不能强行拼凑，万物各有相合的，不能互相假借。这就叫做天则、大中，也就是天下万事万物各得其所，这就是圣人所以从容淡定，贤者求得一精，众人醉生梦死、错乱行施的缘故。

3.053　将祭而斋，其思虑之不斋者，不惟恶念，就是善念也是不该动底。这三日里时时刻刻只在那所祭者身上，更无别个想头。故曰：精白一心。才一毫杂，便不是精白，才二便不是一心。故君子平日无邪梦，斋日无杂梦。

[译文]

将要祭祀时举行斋戒，有人思想意念上不斋戒，不止是有恶念，就是善念也不该在此时产生。斋戒这三天中，时时刻刻要把思虑放在被祭祀的人身上，绝不要有其他的想法。因此称作精白一心。哪怕有一点杂念，便不是精白；刚一萌动三心二意，便不是一心。所以君子平日无邪梦，斋日无杂梦。

3.054　吃这一箸饭是何人种获底？穿这一匹帛是何人织染底？大厦高堂如何该我住居？安车驷马如何该我乘坐？获饱暖之休，思作者之劳；享尊荣之乐，思供者之苦，此士大夫日夜不可忘情者也，不然，其负斯世斯民多矣。

[译文]

我吃的饭是什么人种植收获的？我穿的衣帛是什么人纺织印染的？大厦高堂怎么该我居住？舒适的马车怎么该我乘坐？获得饱暖的生活，应该想到劳动者的劳动；享受尊荣的快乐，应该想到供应者的辛苦，这是士大夫任何时候都不能忘记的，不然的话，就有负社会、人民太多了。

3.055　定静安虑得，此五字时时有，事事有，离了此五字，便是孟浪做。

[译文]

定、静、安、虑、得，这五个字应该时时刻刻有，事事处处有，忘记了这五个字，就是孟浪的做法。

3.056　公人易，公己难；公己易，公己于人难；公己于人易，忘人己之界而不知我之为谁难。公人处人能公者也，公己处己亦公者也。至于公己于人，则不以我为嫌时当贵我富我，泰然处之,而不嫌于尊己事当逸我利我。公然行之而不嫌于厉民，非富贵我，逸利我也。我者天下之我也，天下名分纪纲于我乎寄，则我者名分纪纲之具也，何嫌之有？此之谓公己于人。虽然，犹未能忘其道未化也。圣人处富贵逸利之地而忘其身，为天下劳苦卑困而亦忘其身。非曰我分当然也，非曰我志欲然也。譬痛者之必呻吟，乐者之必谈笑，痒者之必爬搔，自然而已。譬蝉之鸣秋、鸡之啼晓、草木之荣枯，自然而已。夫如是，虽负之使灰其心，怒之使薄其意，不能也。况此分不尽，而此心少怠乎？况人情未孚，而惟人是责乎？夫是之谓忘人己之界，而不知我之为谁。不知我之为谁，则亦不知人之为谁矣。不知人我之为谁，则六合混一而太和元气塞于天地之间矣。必如是而后谓之仁。

［译文］

用公心待人容易，而用公心处己就难了；用公心处己容易，使自己公正对待他人就难了；使自己公正对待他人很容易，而忘却他人和自己的界限而不知道自己的存在就难了。能以公心处人的人，是有公心的人；能以公心处己的人，也是有公心的人。至于使自己对待他人公正，如果没有自我意识的嫌疑，就会使自我富而且贵。泰然处之而没有自尊自大的嫌疑，就会使我宽逸获利。公然推行而没有对民众暴戾苛刻的嫌疑，不单会使自我富贵，也会使自我宽逸获利。这时的自我，就是整个社会的自我，整个社会的名义、身份和纲纪，都寄托在自我身上，那么我也就是这些名义、身份和纲纪的载体。这样又有什么嫌疑呢？这就叫做使自己公正对待他人。即便如此还不能忘却其来历，还没有完全融化在大众中。圣人身处富贵逸利的境地，而能够忘却自己；为了整个社会不辞辛劳，也能够忘却自身。不说自我的本分应该如此，也不说有意如此。譬如疼痛的人定会呻吟，快乐的人定会谈笑风生，痒痒的人定会搔痒，这些都是出自自我本能。譬如秋天蝉鸣，拂晓鸡啼，草木的荣枯，都是出于自然。像这样，虽然辜负了他要使他灰心，激怒他要使他意志消沉，都是不可能的。况且自己的本分没有尽到，心中怎么能有一点怠惰呢？何况人情还未信服，怎么能惟人是责呢？所以说，这就叫忘却了人己的界限而不知我之为谁。不知我之为谁，也就不知人之为谁了。不知人我之为谁，天地四方就会大同，而太和的元气就会充塞天地之间。必须达到这种境界，才能叫做仁。

3.057　才下手便想到究竟处。

[译文]

刚刚开始，就想到了事情的究竟。

3.058　施者不知，受者不知，诚动于天之南，而心通于海之北，是谓神应。我意才萌，彼意即觉，不俟出言，可以默会，是谓念应。我以目授之，彼以目受之，人皆不知，两人独觉，是谓不言之应。我固强之，彼固拂之，阳异而阴同，是谓不应之应。明乎此者，可以谈兵矣。

[译文]

施与的人不知道，接受的人也不知道，诚恳表现于天之南而诚心通于海之北，这叫神应。我刚萌发一种意念，对方马上领悟，不等出言，已经默会，这叫念应。我用目光授意，他用目光接受，别人都未察觉，只有我二人独知，这叫不言之应。我固执地勉强他，他固执地反对，表面上意见不同，暗中却是相同的，这叫不应之应。明白这些道理的人，就可以谈论兵事了。

3.059　明义理易，识时势难。明义理，腐儒可能；识时势，非通儒不能也。识时易，识势难。识时，见者可能；识势，非早见者不能也。识势而早图之，自不至于极重，何时之足忧？

[译文]

明白义理容易，识破时势困难。明白义理，迂腐儒士可能做到；识破时势，不是通儒不能做到。识时易，识势难。识时，看到的人可能做到；识势，不是有预见的人是不能做到的。识破时势而早下手，事情就不会发展到无法收拾的地步，之后还有什么可忧虑的呢？

3.060　舟中失火，须思挟法。

［译文］

如果行进中的船失火了，就要考虑弃船。

3.061　象箸夹水丸，须要夹得起。

［译文］

用象牙筷子夹汤水中的丸子，不是轻而易举的事，要有一定的方法。

3.062　中孚，妙之至也。格天动物不在形迹言语，事为之末，苟无诚以孚之，诸皆糟粕耳。徒勤无益于义。鸟抱卵曰孚，从爪从子，血气潜入，而子随母化，岂在声色？岂事造作？学者悟此，自不怨天尤人。

［译文］

中孚，是精妙至极。格化上天感动万物而不留痕迹或言语。事情就是其细枝末节，如果没有诚挚可言，这些都是糟粕，徒然勤劳也无济于事、无益于义。鸟抱着卵而孵化，就叫做“孚”，其字从爪从子，是使血气潜入卵内而使子随母孵化，怎么能注重表面声色和处事矫揉造作呢？学者领悟到这一点，就不会怨天尤人了。

3.063　肯替别人想，是第一等学问。

［译文］

能够替别人着想，是天下最大的学问。

3.064　相嫌之敬慎，不若相忘之怒詈。

［译文］

两个相互嫌弃的人之间所谓的尊敬与谨慎，还不如两个相互遗忘的人之间的愤怒和责骂。

3.065　余行年五十，悟得“五不争”之味。人问之，曰：不与居积人争富，不与进取人争贵，不与矜饰人争名，不与简傲人争礼节，不与盛气人争是非。

［译文］

我已经度过了五十年的春秋，才体会到“五不争”的意味。有人问我何为“五不争”，我告诉他们：不与居积财产的人争富，不与想要做官的人争贵，不与喜欢炫耀的人争名，不与傲慢无礼的人争礼节，不与盛气凌人的人争是非。

呻吟语卷四

天　地

4.001　观七十二候[①]者，谓物知时，非也，乃时变物耳。

[注释]

①七十二候：古时以五日为一候，月为六候，三候为一节气，一年二十四节气，共七十二候。

[译文]

观察七十二节候的变化，认为物知时，这是不对的，而是时变物。

4.002　天地盈虚消息[①]是一个套子，万物生长收藏是一副印板。

[注释]

①盈虚消息：是天地万物变化的现象。

[译文]

天地盈虚变化是不固定的，万物的生长收藏是不变的。

4.003　万物得天地之气以生，有宜温者，有宜微温者，有宜太温者，有宜温而风者，有宜温而湿者，有宜温而燥者，有宜温而时风时湿者。何气所生则宜何气，得之则长养，失之则伤病。气有一毫之爽，万物阴受一毫之病，其宜凉宜寒宜暑无不皆然。飞潜、动植、蠛蠓之物无不皆然。故天地位则万物育，王道平则万民遂。

［译文］

万物得天地之气而生，有适宜温的，有适宜微温的，有适宜太温的，有适宜温而风的，有适宜温而湿的，有适宜温而燥的，有适宜温而时风时湿的。什么气所生就注定适应什么气候，得之则生长保养，失之则受伤生病。气有一毫之差，万物则暗受一毫之病，其宜凉宜寒宜暑无不皆然。飞潜、动植、蠛蠓之物无不皆然。所以天地安于其位则万物生长发育，王道太平则万民顺遂。

4.004　阴阳合时只管合，合极则离；离时只管离，离极则合。不极则不离不合，极则必离必合。

［译文］

阴阳会合时只管会合，合到极点则分离；分离时只管分离，分离到极点则会合。不到极点则不离不合，到极点则必离必合。

4.005　风惟知其吹拂而已，雨惟知其淋漓而已，霜雪惟知其严凝而已，水惟知其流行而已，火惟知其燔灼而已。不足则屏息而各藏其用，有余则猖狂而各恣其性，卒然而感则强者胜，若两军交战，相下而后已。是故久阴则权在雨而日月难为明，久旱则权在风而云雨难为泽，以至水火霜雪莫不皆然。谁为之？曰：阴阳为之。阴阳谁为之？曰：自然为之。

[译文]

风只知道吹拂而已，雨只知道淋漓而已，霜雪只知道严凝而已，水只知道流动而已，火只知道灼烧而已。在不足的时候就会屏息收藏自己，有余的时候就会恣意妄为，它们相遇，强者胜，好像两军交战，分出胜负才能结束。因此，天久阴则权在雨，日月难明；天久旱则权在风，云雨难泽，至于水、火、霜、雪没有不是这样的。这些现象是谁造成的呢？回答说：阴阳造成的。阴阳是谁造成的？回答说：自然造成的。

4.006　生气①醇浓浑浊，杀气②清爽澄澈；生气牵恋优柔，杀气果决脆断；生气宽平温厚，杀气峻隘凉薄。故春气细缊，万物以生；夏气熏蒸，万物以长；秋气严肃，万物以入；冬气闭藏，万物以亡。

[注释]

①生气：生物之气，指春气和夏气。②杀气：肃杀之气，指秋气和冬气。

[译文]

生气是醇浓浑浊的，杀气是清爽澄澈的；生气是牵恋优柔的，杀气是果决脆断的；生气是宽平温厚的，杀气是峻隘凉薄的。因此春天温暖和煦，万物得以生长；夏天炎热蒸腾，万物得以成长；秋天严峻肃杀，万物得以收获；冬天寒冷闭塞，万物就会消亡。

4.007　一呼一吸，不得分毫有余，不得分毫不足，不得连呼，不得连吸，不得一呼无吸，不得一吸无呼，此盈虚之自然也。

[译文]

一呼一吸，不能有分毫的多余，不能有分毫的不足，不得连呼，不得连吸，不得一呼无吸，不得一吸无呼，这是天地盈虚的自然法则。

4.008　天地发育之气，到无外处止；收敛之气，到无内处止。不至而止者，非本气不足则客气相夺也。

[译文]

天地发育万物之气，扩散到无处扩散为止；收敛之气，聚结到无处聚结为止。不到就终止的，不是本气不足，就是外气侵夺。

4.009　万物生于阴阳，死于阴阳，阴阳于万物原不相干，任其自然而已。雨非欲润物，旱非欲熯物，风非欲挠物，雷非欲震物。阴阳任其气之自然，而万物因之以生死耳。《易》称“鼓之以雷霆，润之以风雨”[①]，另是一种道理。不然，是天地有心而成化也。若有心成化，则寒暑灾祥得其正，乃见天心矣。

[注释]

①“鼓之以雷霆，润之以风雨”：语出《周易·系辞上》。

[译文]

万物生于阴阳，死于阴阳，阴阳与万物原不相干，任其自然发展罢了。下雨不是为了润物，干旱不是为了烘物，刮风不是为了挠物，打雷不是为了震物。阴阳任其气自然，而万物凭借阴阳生死。《易》说“鼓之以雷霆，润之以风雨”，另是一种道理。不然的话，就成了天地有意识造万物了。如果是有意识所为，那么寒暑灾祥就该正当其时，这才能看出上天是有意而为。实际并非如此。

4.010　天极从容，故三百六十日为一嘘吸；极次第，故温暑凉寒不蓦越而杂至；极精明，故昼有容光之照而夜有月星；极平常，寒暑旦夜生长收藏万古如斯而无新奇之调；极含蓄，并包万象而不见其满塞；极沉默，无所不分明而无一言；极精细，色色象象条分缕析而不厌其繁；极周匝，疏而不漏；极凝定，风云雷雨变态于空中、悲欢叫号怨德于地下而不恶其扰；极通变，普物因材，不可执为定局；极自然，任阴阳气数理势之所极所生而己不与；极坚耐，万古不易而无欲速求进之心、消磨曲折之患；极勤敏，无一息之停；极聪明，亘古今无一人一事能欺罔之者；极老成，有亏欠而不隐藏；极知足，满必损、盛必衰；极仁慈，雨露霜雪无非生物之心；极正直，始终计量未尝养人之奸、容人之恶；极公平，抑高举下，贫富贵贱一视同仁；极简易，无琐屑曲局示人以繁难；极雅淡，青苍自若更无炫饰；极灵爽，精诚所至有感必通；极谦虚，四时之气常下交；极正大，擅六合之恩威而不自有；极诚实，无一毫伪妄心、虚假事；极有信，万物皆任之而不疑。故人当法天。人，天所生也，如之者存，反之者亡，本其气而失之也。

［译文］

天是非常从容的，因此三百六十日为一嘘吸；天是有次第的，因此温暑凉寒不会突然而至；天是极精明的，因此白天阳光照耀而夜晚满天星斗；天是极平常的，寒暑旦夜、生长收藏，万古都是这样子，没有什么新奇的变化；天是极含蓄的，并包万象而不见满塞；天是极沉默的，无所不明白而不说一句话；天是极精细的，色色象象、条分缕析而不厌其繁；天是极周匝的，疏而不漏；天是极凝定的，风云雷雨变化于空中、悲欢叫号在地下感恩戴德，而不怕烦扰；天是极通变的，所有的物品都因才而用，不作为定局；天是极自然的，任阴阳气数理势之所极所生而自己却不参与；天是极坚耐的，万古不变而没有欲速求进的心，没有消磨、曲折的忧患；天是极勤敏的，没有一息的停歇；天是极聪明的，亘古及今无一人一事能欺罔它；天是极老成的，有亏欠却不隐藏；天是极知足的，满必损、盛必衰；天是极仁慈的，雨露霜雪都是生物之心；天是极正直的，始终在计量，未尝养人之奸、容人之恶；天是极公平的，抑高举下，贫富贵贱一视同仁；天是极简易的，无琐屑曲局的事，不向人表现出繁难；天是极雅淡的，青苍自若更无炫饰；天是极灵爽的，精诚所至有感必通；天是极谦虚的，四时之气常下交；天是极正大的，擅六合之恩威而不自己占有；天是极诚实的，无一毫伪妄的心、虚假的事；天是极有信的，万物都相信它而不怀疑。所以，人应当效法天。人，是天所生的，顺天者存，逆天者亡，本有的元气又会失去。

4.011　要知道雷霆霜雪都是太和。

［译文］

要知道雷霆霜雪都是发自太和之气。

4.012　盛德莫如地，万物于地，恶道无以加矣，听其所为而莫之憾也，负荷生成而莫之厌也。故君子卑法地，乐莫大焉。

［译文］

没有比地的盛德更为广大的了，万物从土地中生长，罪恶的东西不能加在万物身上。听任万物自由生长而不怨恨他们，载负着万物任他们壮大而不厌烦他们。因此君子的品德就应该效法地的盛德，没有比这更快乐的了。

4.013　心就是天，欺心便是欺天，事心便是事天，更不须向苍苍上面讨。

［译文］

心就是天，欺心便是欺天，事心便是事天，根本不需要向上苍去寻找。

4.014　天者未定之命，命者已定之天。天者大家之命，命者各物之天。命定而凶吉祸福随之也，由不得天，天亦再不照管。

［译文］

天，就是没有确定的命运；命运，就是已经确定的天。天，就是大家的命运；命运，就是各种生物的天。命运确定之后，凶吉祸福随之确定，就不由天确定，天也不再顾及。

4.015　问：天地开辟之初，其状何似？曰：未易形容。因指斋前盆沼，令满贮带沙水一盆，投以瓦砾数小块，杂谷豆升许，令人搅水浑浊，曰此是混沌未分之状，待三日后再来看开辟。至日而浊者清矣。轻清上浮，曰此是天开于子。沉底浑泥，此是地辟于丑。中间瓦砾出露，此是山陵。是时谷豆芽生，月余而水中小虫浮沉奔逐，此是人与万物生于寅。彻底是水，天包乎地之象也。地从上下，故山上锐而下广，象粮谷堆也。气化日繁华，日广侈，日消耗，万物毁而生机微，天地虽不毁，至亥而又成混沌之世矣。

［译文］

有人问，天地开辟之初是什么状态呢？我说，不好形容。就指着房前的一个低洼盆地，让人装满了带沙子的水，里面又投了一些瓦砾，加了一升左右的杂谷，让人把水搅浑，说：这就是混沌未分时的状态，等三日之后再看开辟之初的状态。过了三日，混沌的水已经变得清澈了。清水浮在上面，就相当于子时天开始时的状态。浑浊的泥沙沉在下面，这就相当于地辟于丑的状态。中间有瓦砾露出来，这是山陵。这时谷、豆发出小芽。过了一个多月，水中生出的小虫在浮沉奔逐，这相当于人与万物生于寅的状态。从上而下，是一派水包容地的景象。地是从下到上的，所以上尖下广，像一个谷堆。气的变化，日益繁华，日益广侈，日益消耗，万物逐渐走向毁灭而生机日渐微弱。天地虽然不会毁灭，但到亥时又成了一个混沌世界了。

4.016　阴阳之气，各横逞于有余，各退缩于不足，非相让也，非相妒也，各行其自然而已。旱而雩，水而禜，人事当尔，乃圣人燮理修省之道。积诚所格，自足回天，然亦非常理也。而偶然者，欲以贪天功，则诞矣。

［译文］

阴阳之气，都在留有余地的范围内横逞，都在不足的时候退缩，这不是他们互相谦让，也不是他们互相嫉妒，而是他们的自然本性就是如此。天旱了就摆道场求雨，洪水泛滥了就祈求上天免除灾害，人事也是同样的道理。这是圣人调和天地和自我修省的道理所在。积累了足够的诚心，就有力量可以改变天地，但这不是常理。而遭遇偶然的人，想要因此占有上天的功劳，根本是不可能的。

4.017　两间气化总是一副大蒸笼。

［译文］

天地之间的气化一直都是一个大蒸笼，把万事万物都笼罩其中。

4.018　天地之于万物原是一贯。

［译文］

天地对于万物从来没有什么改变，一贯如此。

4.019　天地之于万物，因之而已矣，分毫不与焉。

[译文]

天地对于万物，完全发于自然，没有丝毫的给予。

4.020　世界虽大容得千万人忍让，容不得一两个纵横。

[译文]

世界虽然大到可以容得下千万人，前提是人们之间相互忍让，但是却容不下一两个纵横无忌的人。

世　运

4.021　坏世教者，不是宦官宫妾，不是农工商贾，不是衙门市井，不是盗贼奸宄。

[译文]

败坏社会风俗教化的人，不是宦官宫妾，不是农工商贾，不是衙门市井，也不是盗贼和罪犯。

4.022　世界一般是唐虞时世界，黎民一般是唐虞时黎民，而治不古若，非气化之罪也。

[译文]

世界还是和唐尧虞舜时一样的世界，民众也还是和唐尧虞舜时一样的民众，但是国家的治理却不如古代，这不是天道变化的罪过而是人的罪过。

4.023　士鲜衣美食、浮谈怪说、玩日愒时，而以农工为村鄙；女傅粉簪花、冶容学态、袖手乐游，而以勤俭为羞辱；官盛从丰供、繁文缛节、逐奔世态，而以教养为迂腐。世道可为伤心矣。

［译文］

士大夫整日鲜衣美食、浮谈怪说、玩日废时，却把务农做工看做是乡村的鄙陋之事；女子则是傅粉簪花、冶容学态、袖手乐游，却以勤劳节俭为羞辱；做官则是丰盛供奉、繁文缛节、奔逐世态，却以世风教化、休养生息为迂腐。如此世道，真是令人伤心呀！

4.024　喜杀人是泰，愁杀人也是泰。泰之人昏惰侈肆，泰之事废坠宽罢，泰之风纷华骄蹇，泰之前如上水之篙，泰之世如高竿之顶，泰之后如下坂之车，故否可以致泰，泰必至于否。故圣人忧泰不忧否，否易振，泰难持。

［译文］

人喜欢得要死的是安宁顺泰，人愁得要死的也是安宁顺泰。处于安宁顺泰中的人昏庸懒惰、奢侈放肆。安宁顺泰的事很难办成，安宁顺泰的风气浮夸骄蹇。安宁顺泰之前如逆水而上，安宁顺泰的世道就像处在高竿的顶部，已经达到了顶峰，安宁顺泰之后就如同车子下坡，难以停止。因此说否极泰来，反过来泰也可以致否。所以圣人忧泰不忧否，否时易振作，泰时难维持。

4.025　节文度数，圣人之所以防肆也。伪礼文不如真爱敬，真简率不如伪礼文。伪礼文犹足以成体，真简率每至于逾闲；伪礼文流而为象恭滔天，真简率流而为礼法扫地。七贤八达[①]，简率之极也，举世牛马而晋因以亡。今世士风崇尚简率，荡然无检，嗟嗟！吾莫知所终矣。

［注释］

①七贤八达：竹林七贤是指三国魏末时，阮籍、嵇康、山涛、向秀、阮咸、王戎、刘伶等相与为善狂放不羁，常宴会于竹林之下。八达：指光逸、羊辅之、谢鲲、阮放、毕卓、羊曼、桓彝、阮孚整日狂欢，不分昼夜。

［译文］

节制修饰，限制数量，这是圣人为了防止恣意妄为。虚伪的礼节不如真心敬爱；真正的简慢轻率，不如虚伪的礼节。虚伪的礼节还足以成就大体，而真正的简慢轻率却常常僭礼逾制；虚伪的礼节虽然内心傲慢，但表面上还算恭敬，真正的简慢轻率就是礼法扫地。魏晋时期的竹林七贤和八位达士简率到了极点，举世都如同牛马一般，而西晋因此灭亡。今世世人崇尚简率，行为放荡，毫不检点。唉！唉！我不知道结果会是怎样。

4.026　六合是个情世界，万物生于情，死于情，至人无情，圣人调情，君子制情，小人纵情。

［译文］

天地六合是个充满情的世界，万物生于情，死于情，完人没有情，圣人调和情，君子制约情，小人放纵情。

圣　贤

4.027　尧舜功业如此之大，道德如此之全，孔子称赞不啻口出。在尧舜心上有多少缺然不满足处。道原体不尽，心原趁不满，势分不可强，力量不可勉，圣人怎放得下？是以圣人身囿于势分力量之中，心长于势分力量之外，才觉足了，便不是尧舜。

［译文］

尧舜的功业如此之大，道德如此之全，孔子对他们的称赞不绝于口。但是在尧舜心中，还有不少自己不满意之处。道，原本是体会不尽的；心，原本是不会满足的。有时形势不允许，有时是力量做不到，圣人怎能完全满足呢？因此圣人只能身处于势分力量之中，心长于势分力量之外，才觉得满足，这便不是尧舜了。

4.028　圣人不强人以太难，只是拨转他一点自然底肯心。

[译文]

圣人不强人所难，只是拨动他一点肯自我努力的心。

4.029　日之于万形也，鉴之于万象也，风之于万籁也，尺度权衡之于轻重长短也，圣人之于万事万物也，因其本然，付以自然，分毫我无所与焉，然后感者常平，应者常逸。喜亦天，怒亦天，而吾心之天如故也。万感劻勷[①]，众动轇轕[②]，而吾心之天如故也。

[注释]

①劻勷：急迫不安的样子。②轇轕：纵横交错貌。

[译文]

日光对于万种形体，镜子对于万种景象，风对于万种声音，尺度权衡对于轻重长短，圣人对于万事万物，顺着他们的本性，交付给自然，分毫不予干涉。然后感受到的人常常平静，相应的人常常安闲，喜悦也自然，发怒也自然，而我心中的自然依然如故。万种事物因受到感动而急迫不安，万众躁动而矛盾纵横交错，但我心之自然依然如故。

4.030　平生无一事可瞒人，此是大快乐。

[译文]

一生没有一件事欺瞒别人，这是一大快乐。

4.031　尧舜虽是生知安行[①]，然尧舜自有尧舜工夫学问。但聪明睿智千百众人，岂能不资见闻、不待思索？朱文公[②]云：

"圣人生知安行，更无积累之渐。"圣人有圣人底积累，岂儒者所能测识哉？

[注释]

①生知安行：语出《中庸》。朱熹注："不思而得，生知也；不勉而中，安行也。"②朱文公：即朱熹。

[译文]

尧舜虽然是生而知之、安而行之的圣人，然而尧舜也有自己的功夫和学问。但是他们的聪明才智超过普通人百倍，岂能不需要广博的见闻和缜密的思索？朱文公说："圣人生知安行，更无积累之渐。"圣人有圣人的积累，这哪是儒者所能知道的呢？

4.032 周子[①]谓："圣可学乎？"曰："无欲。"愚谓："圣人不能无欲，七情中岂不有欲？"孔子曰："已欲，立欲达。"孟子有曰："广土众民，君子欲之。"天欲不可无，人欲不可有。天欲，公也；人欲，私也。周子云："圣无欲。"愚云："不如圣无私。"此二字者，三氏之所以异也。

[注释]

①周子：即周敦颐（1017—1073），北宋道州人，字茂叔，学者称为濂溪先生。

[译文]

周子问："圣人是可以学习的吗？"回答说："要做到无欲二字。"我则认为，圣人不能无欲，七情中不也有欲这一条吗？孔子说："有了欲望，就会力求达到欲望。"孟子说："广阔的土地和众多的百姓，君子都想要得到。"但是，天欲不能没有，人欲却不能有。天欲，是公；人欲，为私。周子说："圣人无欲。"按我说呢，不如说圣人无私。无私这两个字，是儒释道三家不同之处。

4.033　圣人没自家底见识。

[译文]

圣人一向没有自家的见识。

4.034　对境忘情，犹分彼我。圣人可能入尘不染，则境我为一矣。而浑然无点染，所谓入水不溺，入火不焚，非圣之至者不能也。若尘为我役，化而为一，则天矣。

[译文]

对境忘情，还能分清彼与我。如果圣人入尘不染，则境我合而为一。浑然没有丝毫点染，也就是入水不溺，入火不焚，这非圣人之中的至圣是无法做到的。如果尘为我役，尘我化而为一，则达到了最高的境界。

4.035　圣人学问只是人定胜天。

[译文]

圣人的学问，只是相信人定胜天。

4.036　圣人之私公，众人之公私。

[译文]

圣人的私是众人心目中的公，而众人的公是圣人心目中的私。

4.037　圣人无夜气。

[译文]

圣人的身上没有浑浊的夜气。

4.038　衣锦尚䌹，自是学者作用，圣人无尚。

[译文]

华丽的衣服，是学者多崇尚的，圣人心目中没有这样的崇尚。

4.039　圣人不必天而必我，我之天定而天之，天随之。

[译文]

圣人不信天而相信自己，我的所作所为得到天的肯定，天也就跟随我的意愿了。

4.040　生知之圣人不长进。

[译文]

一出生就知道事理的圣人，日后没有什么长进。

4.041　学问到孔子地位才算得个通，通之外无学问矣。

[译文]

学问有了孔子那般通，才算通，在此之外就没有学问了。

4.042　圣人因蛛而知罟网，非蛛学圣人而作网罟也，因蝇而悟作绳，非蝇学圣人交足也。物者，天能；圣人者，人能。

[译文]

圣人看到蜘蛛而知道结网，但是并不是圣人学习蜘蛛而结网的；看到蝇子而顿悟绳子，但是并不是把蝇子学习圣人交足而坐。物是上天制造的，圣人是人通过修养达到的境界。

品　藻

4.043　独处看不破，忽处看不破，劳倦时看不破，急遽仓卒时看不破，惊忧骤感时看不破，重大独当时看不破，吾必以为圣人。

［译文］

一个人在他独处的时候看不破，在疏忽的时候看不破，在疲倦的时候看不破，在仓促的时候看不破，在受惊的时候看不破，在独担重任的时候看不破，我必定以为他是圣人。

4.044　圈子里干实事，贤者可能。圈子外干大事，非豪杰不能。或曰：圈子外可干乎？曰：世俗所谓圈子外，乃圣贤所谓性分内也。人守一官，官求一称，内外皆若人焉，天下可庶几矣，所谓圈子内干实事者也。心切忧世，志在匡时，苟利天下，文法所不能拘；苟计成功，形迹所不必避，则圈子外干大事者也。识高千古，虑周六合，挽末世之颓风，还先王之雅道，使海内复尝秦、汉以前之滋味，则又圈子以上人矣。世有斯人乎？吾将与之共流涕矣。乃若硁硁狃众见，惴惴循弊规，威仪文辞灿然可观，勤慎谦默居然寡过。是人也，但可为高官耳，世道奚赖焉？

［译文］

在世俗的圈子里能干实事的人，是贤人。在世俗的圈子外能干大事的，则非豪杰莫属。有人问，圈外的事可以干吗？回答说，世俗所谓圈子外就是圣贤所谓的分内。一个人担当了一定的官职，能够做到尽忠职守，这样的人随地可寻，天下差不多都是这样的人，也就是所说的圈子内干实事的人。心切忧世，志在匡时，如果对天下人有利，即使法令条文也不能拘束他；如果为了成功，即使有嫌疑也不避讳，这就是圈子外干大事的人。识高千古，虑周六合，挽救末世的颓风，回归先王的正道，使海内人都能体会到秦、汉以前世道的滋味，这又是圈子以上的人了。世上还有这样的人吗？我要和他们一起为现今的世道大声痛哭啊！如果固执地守着众人的见识，小心地遵循陋规，表面看起来威仪文辞，灿然可观，勤慎谦默，居然也可以很少过错。这样的人，只可以做高官，但是挽救世道能够依赖他们吗？

4.045 党锢诸君只是褊浅无度量，身当浊世，自处清流，譬之泾渭，不言自别。正当遵海滨而处，以待天下之清也。却乃名检自负，气节相高，志满意得，卑视一世而践踏之，讥谤权势而狗彘之，使人畏忌。奉承愈炽愈骄，积津要之怒，溃权势之毒，一朝而成载胥之凶[①]，其死不足惜也。《诗》称“明哲保身”[②]，孔称“默足有容”，“免于刑戮”[③]，岂贵货清市直，甘鼎镬如饴哉？申、陈二子得之郭林宗几矣[④]，“顾”“厨”“俊”“及”[⑤]，吾道中之罪人也，仅愈于卑污耳。若张俭则又李膺、范滂之罪人[⑥]，可诛也夫！

[注释]

①成载胥之凶：指遭受胥吏的杀戮。胥，古代官府中的小吏。②明哲保身：语见《诗经·大雅·烝民》。③默足有容、免于刑戮：分别出自《中庸》和《论语·公冶长》。④申、陈二子得之郭林宗几矣：申，古国名，今陕西、山西一带。陈，古国名，今山西一带。事见《后汉书》卷六十八《郭符许列传》。⑤顾、厨、俊、及：指“八顾”“八厨”“八俊”“八及”，东汉党锢时对名士的称号。事见《后汉书·党锢列传》。⑥张俭则又李膺、范滂之罪人：张俭是东汉名士，被逮入狱，释放后终身禁锢。李膺、范滂都因张俭案而死，所以吕坤认为张俭是李膺、范滂之罪人。

[译文]

因议论朝政而被污为朋党、遭受禁锢的这些君子，只是一些见识短浅、度量狭小的人。出生在混浊之世，自己独守清白，就如同泾水浊、渭水清一样，不用说话就能分辨得很清楚。所以这些君子应当隐居海滨，等待天下清明。而他们自负有名声和操守，互相推崇气节高尚，志满意得，鄙视世上的任何恶人恶行，想要把他们都踩在脚下，讥谤权势，认为这些人连猪狗都不如。他们的做法使人畏惧，而又有所顾忌，人们对他们大加奉承，他们的气势也就越来越壮。这样激起了当权者早就积蓄在胸中的怒火，从而发泄出来，党锢的君子们一下子就被杀戮或是流放，他们的死真不足让人可惜呀！《诗经》说“明哲保身”，意思说要用自己的智慧保护自身。孔子称“默足有容”，“免于刑戮”，意思是用沉默的办法来保全自己，免于杀戮。岂能为了换取清白正直的名声，去遭受甘鼎的烹煮，却又甘之如饴呢？能像申、陈二子得到郭林宗这样高尚人士教诲的人太少了，“八顾”“八厨”“八俊”“八及”，这些东汉时期的名士，都是儒家的罪人，仅比卑污的人高出一点罢了。张俭又是危害李膺、范滂的罪人，真该杀啊！

4.046　世之颓波，明知其当变，狃于众皆为之而不敢动；事之义举，明知其当为，狃于众皆不为而不敢动，则是亦众人而已。提抱之儿得一果饼未敢辄食，母尝之而后入口，彼不知其可食与否也。既知之矣，犹以众人为行止，可愧也夫！惟英雄豪杰不徇习以居非，能违俗而任道，夫是之谓独复。呜呼！此庸人智巧之士所谓生事而好异者也。

［译文］

世道衰败，明知当变，却拘泥于众人都是那样做而不敢有所作为；合于道义的事，明知当做，却拘泥于众人都不去做而不敢做，这样的人也只是普通人罢了。抱在怀中的小孩子得到一个果饼，不敢马上吃，而是等到母亲尝过之后才敢入口，这是因为他不知道果饼能不能吃。既然已经知道能吃，仍然看着众人的行动决定自己的行动，真让人感到惭愧呀！只有英雄豪杰不因循守旧，宁愿身受非议，能打破世俗承担重任，这叫做天马独行。唉！这都是被庸人和智巧的人称为爱标新立异的人。

4.047　体解神昏，志消气沮，天下事不是这般人干底。攘臂抵掌，矢志奋心，天下事也不是这般人干底。干天下事者，智深勇沉，神闲气定。有所不言，言必当；有所不为，为必成。不自好而露才，不轻试以幸功，此真才也，世鲜识之。近世惟前二种人乃互相讥，识者胥笑之。

［译文］

身体懈怠，精神昏昧，意志消沉，神气沮丧，天下事不是这样的人干的。振臂高呼，摩拳擦掌，矢志不移，奋发有为，天下事也不是这样的人干的。做天下大事的人，必定智谋深远，勇敢沉着，神态悠闲，志气坚定。他们有些话不一定说，但说了必然恰如其分；有的事不一定做，但做了必然成功。不喜欢显露自己的才华，不为了成功而轻易做事，这才是真正的人才，世人却很少能识别。近世以来只有前两种人互相讥笑，有识之士都觉得他们可笑。

4.048　山林处士常养一个傲慢轻人之象，常积一腹痛愤不平之气，此是大病痛。

［译文］

山林隐士常给人傲慢、看不起人的样子，并且常常心存不满，愤愤不平。这是他们的一大毛病。

4.049　天之生人，虽下愚亦有一窍之明。听其自为用而极致之，亦有可观，而不可谓之才。所谓才者，能为人用，可圆可方，能阴能阳，而不以己用者也。以己用皆偏才也。

［译文］

上天所造就的人，虽然愚笨但总有一点过人之处。听凭他自己发挥运用，也会有所作为，但不能称他为人才。所谓人才，是能被别人拿来所用，可圆可方，能阴能阳，但不是为了自己所用。为自己所用的都是偏才。

4.050 知其不可为而遂安之者，达人智士之见也。知其不可为而犹极力以图之者，忠臣孝子之心也。

［译文］

知道事情不能做到而安于现状的人，这是达人智士的见识。知道事情不能做到而要极力去做的人，有着忠臣孝子的心志。

4.051 初开口便是煞尾语，初下手便是尽头着，此人大无含蓄，大不济事，学者戒之。

［译文］

一开口就是结束语，一下手就是尽头处，这样的人毫无含蓄可言，做不了大事，学者应该以此为戒。

4.052 今之论人者，于辞受，不论道义，只以辞为是，故辞宁矫廉而避贪爱之嫌。于取与，不论道义，只以与为是，故与宁伤惠而避吝啬之嫌。于怨怒，不论道义，只以忍为是，故礼虽当校而避无量之嫌。义当明分，人皆病其谀，而以倨傲矜陵为节概。礼当持体，人皆病其倨，而以过礼足恭为盛德。惟俭是取者，不辨礼有当丰；惟默是贵者，不论事有当言。此皆察理不精，贵贤智而忘其过者也。噫！与不及者诚有间矣，其贼道均也。

［译文］

现在评论他人的人，对于推辞或者授受他人馈赠，无论是否合乎道义，只是一味地以推辞为是，害怕落下不廉的名声，也要避贪爱之嫌。对于收取和给予，不论是否合乎道义，只认为给予是对的，因此宁肯显示大方，也要避吝啬的嫌疑。对于怨和怒，也不管是否合乎道义，只认为忍就对了，因此按理应该计较的事也不计较，为的是避免没有度量的猜疑。根据道义应该明确本分，人们认为说好话奉承别人是不好的，因此就傲慢自大，夸耀自己的气节。按照礼节应该保持尊严，人们认为傲慢是不好的，结果就以过度的礼节和谦恭为盛德。人们认为只有俭朴是可取的，就不按场合大小办宴会。人们认为只有沉默才是可贵的，就不论有时当讲，有时不当讲。这些都是对于道义不清醒的认识，以贤智可贵，但却超过了应有的界限。唉！超过和不及是有差别的，但对道义的危害都是一样的。

4.053　自古圣贤孜孜汲汲，惕励忧勤，只是以济世安民为己任，以检身约己为先图，自有知以至于盖棺，尚有未毕之性分，不了之心缘。不惟孔、孟，虽佛、老、墨翟、申、韩皆有一种毙而后已念头，是以生不为世间赘疣之物，死不为幽冥浮荡之鬼。乃西晋王衍[①]辈一出，以身为懒散之物，百不经心，放荡于礼法之外，一无所忌，以浮谈玄语为得圣之清，以灭理废教为得道之本，以浪游于山水之间为高人，以衔杯于糟曲之林为达士。人废职业，家尚虚无，不止亡晋，又开天下后世登临题咏之祸，长惰慢放肆之风，以至于今。追原乱本，盖开衅于庄、列，而基恶于巢、由[②]。有世道之责者宜知所戒矣。

［注释］

①王衍：西晋人，字夷甫，官至尚书令、太尉，后被石勒所杀。据《晋书·王衍传》载："衍既有盛才美貌，明悟若神，常自比子贡。兼声明藉甚，倾动当世，妙善玄言，唯谈老庄为事。"②巢由：指巢父、许由，上古时代的隐士。

［译文］

自古以来，圣贤们孜孜不倦，忧心忡忡，以济世安民为己任，以省身约己为首务，从有知到盖棺，不停地努力，尚未能圆满完成分内之事，尚有不了的内心愿望。不只孔子、孟子，即使佛、老、墨翟、申不害、韩非也有一种死而后已的念头，使活的时候不成为累赘，死之后不成为阴间的野鬼。自从西晋王衍之辈出现，认为身体是懒散之物，做任何事情都漫不经心，放荡于礼法之外，肆无忌惮，以为浮谈玄语就是圣人清高的品德，以为灭礼废教就是得到了道的根本，以为浪荡于山水之间就是高人，以为无节制地狂饮就是放达之士。这样一来，世人荒废事业，家家崇尚虚无，这种风气不仅使晋朝灭亡了，还开启了后世效仿他们登山临水、歌吟题咏的祸害，滋长了傲慢放肆的风气，直到如今。追究混乱的根本祸端，开始于庄子、列子，最早基于巢父与许由。对世道负有责任的人，应该有所戒惧。

4.054　乡原是似不是伪，孟子也只定他个“似”字[1]。今人却把“似”字作“伪”字看，不惟欠确，且末减了他罪。

［注释］

①孟子也只定他个“似”字：事见《孟子·尽心下》。

［译文］

与流俗合污的乡愿所表现出来的样子与忠厚老实相似，而不是伪装出来的忠厚老实，孟子也只定了他个“似”字，现在的人却把“似”字改为“伪”字，不只是不够准确，而且没有减了他的罪。

4.055　不当事不知自家不济，才随遇长，识以穷精，坐谈先生，只好说理耳。

［译文］

不遇事不知道自己不行，才能是随着经历的增多而增长的，见识只有深入探讨才能精进。那些坐而论道的先生，只是喜欢说理罢了。

4.056　沉溺了，如神附，如鬼迷，全由不得自家，不怕你明见真知，眼见得深渊陡涧，心安意肯底直前撞去。到此翻然跳出，无分毫粘带，非天下第一大勇不能。学者须要知此。

［译文］

沉溺于其中，如同有神灵附体，如同鬼迷心窍，完全由不得自己，哪怕你有真知灼见，眼看前面是万丈深渊，却心甘情愿前进。如果到了这种地步，还能摆脱干净，非天下第一等的大勇士是不能做到的。学者需要知道这个道理。

4.057　巢父、许由，世间要此等人作甚？荷蒉、晨门、长沮、桀溺知世道已不可为[①]，自有无道则隐一种道理。巢、由一派有许多人皆污浊尧舜，唠吐皋、夔[②]，自谓旷古高人，而不知不仕无义，洁一身以病天下，吾道之罪人也。且世无巢、许，不害其为唐虞；无尧、舜、皋、夔，巢、许也没安顿处，谁成就你个高人？

［注释］

①荷蒉、晨门、长沮、桀溺知世道已不可为：荷蒉、晨门、长沮、桀溺皆指春秋时代的隐士。事见《论语·宪问》和《论语·微子》等篇。②皋、夔：皋即皋陶，相传为舜的大臣，掌刑法。夔，相传为尧舜时的乐官。《尚书·舜典》："帝曰：'夔，命汝典乐，教胄子。'"

［译文］

像巢父、许由这样的人世间要他们做什么用呢？《论语》中说的荷蒉、晨门、长沮、桀溺这些人知道世道已不能改变，本身体现了无道则隐的这样一种原则。巢父、许由这一派人，有许多人认为尧、舜是污浊的，皋陶、夔是肮脏的，自认为自己是旷世高人，而不知道在无义的世道去做官来改变天下，只知道洁身自好，这也是儒道的罪人。况且世上没有巢父、许由这样的人并不妨害成就唐虞盛世。如果没有尧、舜、皋陶、夔这样的圣贤来治理天下，巢父、许由连个安身的地方都没有，谁还能使你成就为高人？

4.058　而今士大夫聚首时，只问我辈奔奔忙忙、熬熬煎煎，是为天下国家、欲济世安民乎？是为身家妻子、欲位高金多乎？世之治乱，民之死生，国之安危，只于这两个念头定了。嗟夫！吾辈日多而世益苦，吾辈日贵而民日穷，世何贵于有吾辈哉！

［译文］

现在士大夫聚会的时候，应该问一问：我们这些人天天忙忙碌碌，到底是为了救国安民呢，还是为了自己的妻子儿女和高官厚禄呢？世道的混乱，民众的生死，国家的安危，就系在这两个念头上。唉！像我们这一类的人，如果一天天增加的话，世人就更加困苦；我们这一类的人，如果一天天富贵的话，世人就更加难以生活。世上有了我们这些人又有什么好处呢？

4.059　夫物，愚者真，智者伪；愚者完，智者丧。无论人，即乌之返哺，雉之耿介，鸤鸠均平专一，雎鸠和而不流，雁之贞静自守，驺虞之仁，獬豸之秉正嫉邪，何尝有矫伪哉？人亦然，人之全其天者，皆非智巧者也。才智巧则其天漓矣，漓则其天可夺。惟愚者之天不可夺，故求道真，当求之愚，求不二心之臣以任天下事，亦当求之愚。夫愚者何尝不智哉？愚者之智，纯正专一之智也。

［译文］

天下之物，愚蠢的真诚，聪明的虚伪；愚蠢的能保护自己，聪明的容易丧命。不要说人类，即使乌鸦的返哺，野雉的耿介，鸤鸠的均平专一，雎鸠的和而不流，雁的贞静自守，驺虞的仁爱，獬豸的秉正嫉邪，何尝是掩饰真情伪装出来的呢？人也是这样，人能够保持其天性的都不是智巧的人。一旦运用智巧，心就离开了天性；离开了天性，先天具有的善良就会改变。只有愚者的善良不会改变。所以真心所求的要向愚者请教，寻求没有二心的忠臣也要在愚者中挑选。那些愚者何尝没有智慧呢？愚者的智慧是纯正专一的智慧。

4.060　面色不浮，眼光不乱，便知胸中静定，非久养不能。《礼》曰："俨若思，安定辞。"①善形容有道气象矣。

［注释］

①俨若思，安定辞：语出《礼记·曲记上》。

［译文］

面色不浮，眼光不乱，便知胸有成竹，不经过长时间的修养是做不到的。《礼记》说："俨若思，安定辞。"意思说思考时要面容庄重，说话时要言语谨慎。真是善于形容品德高尚人的神情呀！

4.061　道自孔孟以后，无人识三代以上面目，汉儒无见于精，宋儒无见于大。

［译文］

对于道，自孔、孟之后，就没有人清楚夏、商、周三代以前的真面目。汉儒没有体会到其精深之处，宋儒没有体会到其博大之处。

4.062　有忧世之实心，泫然欲泪；有济世之实才，施处辄宜。斯人也，我愿为曳履执鞭。若聚谈纸上微言，不关国家治忽，争走尘中众辙，不知黎庶死生，即品格有清浊，均于宇宙无补也。

[译文]

有忧世的真心，不禁潸然泪下；有救世的实才，实施之处都很适宜。这种人即使为他提鞋执鞭，也心甘情愿。如果只是聚谈书本上的精深之处，不关心国家的治理与忽怠，争步众人的后尘，不顾黎民的死活。这种人不论品格清浊，对世道都于事无补。

4.063　任有七难：繁任要提纲挈领，宜综核之才。重任要审谋独断，宜镇静之才。急任要观变会通，宜明敏之才。密任要藏机相可，宜周慎之才。独任要担当执持，宜刚毅之才。兼任要任贤取善，宜博文之才。疑任要内明外暗，宜驾驭之才。天之生人，各有偏长，国家之用人，备明群长。然而投之所向辄不济事者，所用非所长，所长非所用也。

[译文]

有七种困难的责任：繁任要提纲挈领，适宜综核之才。重任要审谋独断，适宜镇静之才。急任要观变会通，适宜明敏之才。密任要藏机相可，适宜周慎之才。独任要担当执持，适宜刚毅之才。兼任要任贤取善，适宜博学能文之才。疑任要内明外暗，适宜驾驭之才。天之生人，各有偏长，国家用人要有各种专长的人才。但是委任其事却不能成功，是因为所用非所长，所长非所用。

4.064　小廉曲谨之士，循途守辙之人，当太平时使治一方、理一事，尽能奉职。若定难决疑，应卒蹈险，宁用破绽人，不用寻常人。虽豪悍之魁，任侠之雄，驾御有方，更足以建奇功，成大务。噫！难与曲局者道。

[译文]

在小处廉洁谨慎、循规蹈矩的人，在太平年代让他治理一个地方，处理一件事情，是能够尽忠职守的。如果要是去平定叛乱、解决疑难问题，或是应对突发事件、处理危急局面，宁可用有小毛病的人，也不用这种寻常人。有小毛病的人，即使是最强横霸道的魁首，即使是狂放豪侠的雄杰，如果驾驭有方，则足以建立奇功，成就大事。唉！这点难与没有远见、墨守陈规的人说。

4.065　今之国语乡评，皆绳人以细行。细行一亏，若不可容于清议。至于大节都脱略废坠，浑不说起。道之不明亦至此乎？可叹也已。

[译文]

现在朝野之中对人的评价，都是苛求其细微小节。小节上有不恰之处，就好像被社会的舆论所不容。至于大节，即使败坏颓废，也不曾提起。道德不明到了这种地步了吗？真让人可叹可悲呀！

4.066　自中庸之道不明，而人之相病无终已。狷介之人病和易者为罢软，和易之人病狷介者为乖戾。率真之人病慎密者为深险，慎密之人病率真者为粗疏。精明之人病浑厚者为含糊，浑厚之人病精明者为苛刻。使质于孔子，吾知其必有公案矣。孔子者，合千圣于一身，萃万善于一心，随事而时出之，因人而通变之，圆神不滞，化裁无端，其所自为不可以教人者也，何也？难以言传也。见人之为不以备责也，何也？难以速化也。

[译文]

自从中庸之道不明，人们互相指责就没完没了。狷介的人指责和易的人疲软，和易的人指责狷介的人乖戾。率真的人指责谨慎缜密的人深险，谨慎缜密的人指责率真的人粗疏。精明的人指责浑厚的人含糊，浑厚的人指责精明的人苛刻。如果向孔子请教，我知道一定会有公平的判断。孔子这个人，合千圣于一身，萃万善于一心，随事而变，因人而变，圆神不滞，化裁无端，自己的所为又不能教给别人，这是什么原因呢？是因为难以用语言表达出来。看到别人的所作所为，又不求全责备，这是什么原因呢？因为他知道难以让别人迅速变化。

4.067　告子许大力量，无论可否，只一个不动心。岂无骨气人所能？可惜只是没学问，所谓“其至尔力也①”。

［注释］

①其至尔力也：语出《孟子·万章下》。

［译文］

告子有没有那么大的力量，不论可否，只一个不动心。岂是没有骨气的人所能做到的？可惜只是没学问，如孟子所说的那样，只是依靠力量罢了。

4.068　千古一条人路，尧、舜、禹、汤、文、武、孔、孟由之。此是官路古路，乞人盗跖都有分，都许由，人自不由耳。或曰：须是跟着数圣人走。曰：各人走各人路，数圣人者走底是谁底路？肯实在走，脚踪儿自是暗合。

［译文］

千古一条大路，尧、舜、禹、汤、周文王、周武王、孔子、孟子都是经由这条路。这既是一条官路也是一条古路，乞丐和盗贼都有份，都允许通过，只是有人不走罢了。有人问，必须跟着这几个圣人走吗？回答说：各人走各人的路，这几个圣人又是跟随谁的路呢？如果肯实实在在地走，自然与圣人的脚步吻合。

4.069　得人不敢不然之情易，得人自然之情难。秦汉而后，皆得人不敢不然之情者也。

[译文]

得到人的不敢不做之类这样勉强的感情容易，得到人的发自内心的自然的感情困难。自秦汉之后，得到的都是不敢不做之类这样勉强的感情。

4.070　而今讲学不为明道，只为角胜字面词语间，拏住一点半点错，便要连篇累牍辩个足。这是甚么心肠，讲甚学问。

[译文]

现在讲学不是为了讲明道理，只是为了在字面和词语之间较量个胜负，抓住一点半点错，便要连篇累牍地说个没完。这是什么样的心肠，讲的什么学问。

4.071　众人但于义中寻个利字，再没利中寻个义字。

[译文]

众人只是在道义之中找寻利益，却没有从所得利益之中找寻道义。

4.072　士君子高谈阔论，语细探玄，皆非实际，紧要在适用济事。故今之称拙钝者曰不中用，称昏庸者曰不济事。食牛吞象之气，填海移山之志，死孝死忠，千捶百折，未可专望之斯人。

[译文]

士君子高谈阔论，缓缓而言，探微钩玄，都与实际无关，但关键在于能成事。因此现在把拙钝的人称做“不中用”，把昏庸的人称做“不济事”。即使有吃掉整牛、吞下大象的气魄，精卫填海、愚公移山那样的志向，为孝而死，尽忠而亡，千锤百炼，百折不挠，也不可以寄希望于这样的人成就事业。

4.073　不做讨便宜底学问，便是真儒。

［译文］

全心全意而不讨任何便宜地做学问，才是真正的儒者。

4.074　千万人吾往，嚇杀老子，老子是保身学问。

［译文］

千万人挡住了我的去路，我仍然奋勇直前，这样会吓坏了老子，因为他主张明哲保身之道。

4.075　或问：某公如何？曰：可谓豪杰英雄，不可谓端人正士。问：某公如何？曰：可谓端人正士，不可谓达节通儒。达节通儒乃端人正士中豪杰英雄者也。

［译文］

有人问某公如何，回答说，此人可谓豪杰英雄，不可谓端人正士。又问某公如何，回答说，此人可谓端人正士，不可谓达节通儒。达节通儒乃是端人正士中的豪杰英雄。

4.076　性分名分不是两项尽性分底，不傲名分，召之见，不肯见之；召之役，执往役之事。今之讲学者，凌犯名分，自谓高洁。孔子乘田委吏时，何尝不折腰屈膝于大夫之庭乎？噫！道之不明久矣。

［译文］

性分名分本不是截然不同的两项，做人不应该傲名分，被召见却不肯见；被召服役，不肯前往。现在讲学的人，对名分加以歪曲，自谓高洁。孔子当田吏的时候，不是还屈膝折腰于大夫的门庭之外吗？唉！道义不明已经很长时间了。

呻吟语卷五

治　道

5.001　庙堂[①]之上以养正气为先，海宇之内以养元气为本。能使贤人君子无郁心之言，则正气培矣；能使群黎百姓无腹诽[②]之语，则元气固矣。此万世帝王保天下之要道也。

[注释]

①庙堂：指朝廷。②腹诽：口不语而心非之。

[译文]

君主治理天下，在朝廷，应该以养正气为先，在民间，应该以养元气为本。使贤人君子没有闷在心里的话，正气就可得到培养了；使黎民百姓心中没有怨言，元气就巩固了。这是历代帝王确保天下长治久安的首要方法。

5.002　兴利无太急，要左视右盼；革弊无太骤，要长虑却顾[①]。

[注释]

①却顾：反顾。

[译文]

兴利不要操之过急，要认清周围的情况；除弊不要进行得太快，要从长计议。

5.003　为政之道，以不挠为安，以不取为与，以不害为利，以行所无事为兴废起敝。

[译文]

处理政事的原则，应该以不扰民为安定的基础，以不榨取民脂民膏为给予民众的根本，以不祸害民众为有利的大事，以不劳民伤财为兴利除弊。

5.004　从政自有个大体，大体既立，则小节虽有抵牾①，当别作张弛，以辅吾大体之所未备，不可便改弦易辙。譬如待民贵有恩，此大体也，即有顽暴不化者，重刑之，而待民之大体不变。待士有礼，此大体也，即有淫肆不检者，严治之，而待士之大体不变。彼始之宽也，既养士民之恶，终之猛也，概②及士民之善，非政也，不立大体故也。

[注释]

①抵牾：不一致。②概：关涉。

[译文]

从政要有个原则，原则既立，即使有一些小节与原则有抵触，可以另想些或松或紧的办法，用来辅助原则，原则不能改变。譬如对待百姓，要有恩惠，这就是原则。即使对那些罪大恶极的人处以重刑，对待百姓的原则也并没有因此而改变。对读书人要尊重，这是原则。即使对那些淫肆不检点的读书人严厉制裁，原则也没有因此而改变。如果一开始就无原则地宽大，就会纵容士民的陋习，结果形成一种势力，关涉危害人们仁善的观念，这不是正确的为政方法，其原因是不能坚持原则。

5.005　人情之所易忽莫如渐，天下之大可畏莫如渐。渐之始也，虽君子不以为意。有谓其当防者，虽君子亦以为迂。不知其极重不反之势，天地圣人亦无如之奈何，其所由来者渐也。周郑交质[①]，若出于骤然，天子虽孱懦甚，亦必有恚心。诸侯虽豪横极，岂敢生此念？迨积渐所成，其流不觉至是。故步视千里为远，前步视后步为近。千里者，步步之积也。是以骤者举世所惊，渐者圣人独惧。明以烛之，坚以守之，毫发不以假借[②]，此慎渐之道也。

［注释］

①周郑交质：指春秋时周王朝和郑国相互以对方太子为人质的事。质，人质。②假借：宽容。

［译文］

人们最容易忽视的就是“渐”，世界上最可怕的也是“渐”。“渐”开始时，即使是君子也不在意，认为防微杜渐是迂腐之见。殊不知渐渐积累到积重难返的地步，天地圣人也无可奈何。春秋时期周王朝和郑国相互交换人质，如果突然发生，周天子虽然十分懦弱，当会有羞愧之心；诸侯虽然极端蛮横，怎敢有这种念头！这种形势是渐渐积累成的，不知不觉地到了这种程度。以走路来说，一千里的路程十分遥远，而前步看后步却是很接近的。千里的路程，是靠一步步走过来的。因此，对突然发生的事，举世皆感震惊；对渐渐形成的事，只有圣人才会担忧害怕。对累渐之事要明察审辨，坚守原则，丝毫不让步，这是防微杜渐的谨慎之道。

5.006　君子之于风俗也，守先王之礼而俭约是崇，不妄开事端以贻可长之渐。是故漆器不至金玉而刻镂之不止，黼黻[①]不至庶人锦绣被墙屋不止。民贫盗起不顾也，严刑峻法莫禁也。是故君子谨其事端，不开人情窦而恣小人无厌之欲。

［注释］

①黼黻：古代绘、绣的黑白相间亞形或斧形的礼服。

［译文］

君子对待风俗，应谨守先王之古礼而崇尚节俭，不妄开事端而助长恶习的潜移默化。因此，漆器还没达到金玉镶嵌，就会不断地在漆器上精雕细琢镂刻不止，普通人不能穿着官礼服，就想方设法置办锦衣绣裳。民众贫穷、盗贼蜂起，无所顾忌，即使严刑峻法也无法禁止。因此君子对待事情的开端极为注意，不开人情的起端而纵容小人贪得无厌的欲望。

5.007　微者正之，甚者从之，从微则甚，正甚愈甚。天地万物、气化人事，莫不皆然。是故正微从甚，皆所以禁之也，此二帝三王之所以治也。

［译文］

衰微了的事物，还想扶植起来；事情已过头了，还听凭它发展；任凭事情衰微下去，事情就越来越坏；想纠正越变越坏的事，只能助长其发展。天地万物、气的变化、人为的事情，没有不是这样的。因此扶植衰微的事物、听任形势恶化发展，都应该禁止，这是唐尧、虞舜、夏禹、商汤、周文王能使天下大治的道理所在。

5.008　圣人治天下，常令天下之人精神奋发，意念敛束。奋发则万民无弃业，而兵食足、义气充，平居可以勤国，有事可以捐躯；敛束则万民无邪行，而身家重、名检[①]修。世治则礼法易行，国衰则奸盗不起。后世之民，怠惰放肆甚矣。臣民而怠惰放肆，明主之忧也。

[注释]

①名检：名声规矩。

[译文]

圣人治理天下，常常使天下人精神奋发、意念收敛。精神奋发民众则各安其业，就能兵壮粮足，意气风发，平时可以努力于国事，战时勇于为国捐躯；意念收敛则民众没有邪恶的行为，这样就会注重性命、名声和修养。世道兴盛时礼法就容易推行，国势衰微时奸盗则不会兴起。后世的民众，过于怠惰放肆。臣子和民众都怠惰放肆，正是英明君主最大的忧虑。

5.009 只有不容已[①]之真心，自有不可易之良法。其处之未必当者，必其思之不精者也；其思之不精者，必其心之不切者也。故有纯王之心，方有纯王之政。

[注释]

①不容已：不停止。

[译文]

只要有孜孜不倦之心，自会有不可替代的好方法。行为不妥当之处，必然是思考得不够周密；思考得不够周密，必然是用心不够恳切。因此只有实行王道的诚挚之心，才会有纯粹符合王道的政治。

5.010 为人上者，只是使所治之民个个要聊生，人人要安分，物物要得所，事事要协宜，这是本然职分。遂了这个心，才得畅然一霎欢，安然一觉睡。稍有一民一物一事不妥贴，此心如何放得下？何者？为一郡邑长，一郡邑皆待命于我者也；为一国君，一国皆待命于我者也；为天下主，天下皆待命于我者也。无以答其望，何以称此职？何以居此位？夙夜汲汲图维之不暇，而暇于安富尊荣之奉，身家妻子之谋，一不遂心而淫怒是逞耶？天付之以生民之寄，宁为盈一己之欲哉？试一反思，便当愧汗①。

［注释］

①愧汗：因羞愧而流汗。

［译文］

当官的人，应该使治下之民个个要能维持生活，人人要安守本分，物物要得其所用，事事要协调适宜，这是起码的职务要求。做到这些，才能感到欢畅，睡得安稳。稍有一民一物一事不妥当，心里如何能够放得下？为什么？作为一个郡邑的长官，一郡邑都得听从我的管理；作为一国之君，一国人都得听从我的管理；作为天下之君主，天下都得听从我的管理。如果不能满足民众的愿望，怎么能称职呢？怎么还能坐在这个位置上呢？日夜想方设法把事情干好都来不及，哪有空暇去享受尊荣富贵呢？哪有时间去考虑身家妻子呢？哪能一不顺心就大逞淫威呢？上天把民众的生存与管理重任都寄托在我的身上，难道只是让我满足自己的私欲吗？这样一反思，就会惭愧得流汗。

5.011　尧、舜无不弊之法，而恃有不弊之身，用救弊之人，以善天下之治，如此而已。今也不然，法有九利不能必其无一害，法有始利不能必其不终弊。嫉才妒能之人，惰身利口之士，执其一害终弊者讪笑之，谋国不切而虑事不深者从而附和之，不曰“天下本无事，安常袭故何妨”，则曰“时势本难为，好动喜事何益”。至大坏极弊、瓦解土崩，而后付之天命焉。呜呼！国家养士何为哉？士君子委质①何为哉？儒者以宇宙为分内何为哉？

［注释］

①委质：也作委贽、委挚。向君主献礼，表示献身。

[译文]

唐尧、虞舜没有毫无弊病的方法，只是依仗着有不染弊病的身心，使用挽救弊病之人才，以改善天下的治理，仅此而已。现在则不然，法令有九分有利的成分，也不能避免没有一分有害的地方；法令在开始时是好的，也不能保证最终没有弊病。而嫉贤妒能的人，夸夸其谈的人，就会抓住法令的弊病讪笑嘲讽；目光短浅、虑事不周的人，就随声附和，不是说："天下本来没事，安于常规、因袭过去又有何妨？"就是说："时势本来难以改变，喜欢变动多事又有何益？"到法律弊端百出、土崩瓦解时又说是天命决定的。唉！国家养了这么多的官吏干什么？士君子献身国家又是为什么呢？儒者为什么以天下国家为己任？

5.012　后世无人才，病本只是学政不修，而今把作万分不急之务，才振举这个题目，便笑倒人。官之无良，国家不受其福，苍生且被其祸，不知当何如处？

[译文]

后世缺乏人才，根本原因是不重视教育。现在把这看成毫不急迫的事，刚有人提出要振兴教育，就招来耻笑。没有优秀的官员，国家就得不到益处，老百姓也跟着受害，不知该怎么办？

5.013　无治人则良法美意反以殃民，有治人则弊习陋规皆成善政。故有文武之政，须待文武之君臣。不然，青萍结绿[①]非不良剑也，乌号繁弱[②]非不良弓矢也，用之非人，反以资敌。予观放赈、均田、减粜、检灾、乡约、保甲、社仓、官牛八政而伤心焉。不肖有司，自省有余愧矣。

[注释]

①青萍结绿：青萍和结绿都是古代宝剑名。②乌号繁弱：乌号和繁弱都

是古代良弓名。

[译文]

没有善于治理天下的人，即便有良好的办法、美好的愿望，也会给民众带来祸殃；有了善于治理天下的人，即使是弊习陋规也能变成善政。因此要想有周文王、周武王那样的政治局面，必须有周文王、周武王时代的君臣。青萍、结绿都是宝剑，乌号、繁弱都是良弓，但如果不是合适的人来使用，反而会帮助了敌人。我看放赈、均田、减粜、检灾、乡约、保甲、社仓、官牛这八项本来对治国有利的政令得不到正确的施行，感到很伤心。对那些无德无能的官吏，自我反省，一定会有所愧疚。

5.014　一呼吸间四肢百骸无所不到，一痛痒间手足心知无所不通，一身之故也。无论人生，即偶，提一线而浑身俱动矣，一脉之故也。守令者，一郡县之线也；监司者，一省路之线也；君相者，天下之线也。心知所及而四海莫不精神，政令所加而万姓莫不鼓舞者何？提其线故也。令一身有痛痒而不知觉，则为痴迷之心矣。手足不顾，则为痿痹①之手足矣。三代以来，上下不联属久矣，是人各一身而家各一情也，死生欣戚②不相关，其罪不在下也。

[注释]

①痿痹：肢体不能动作之病。②欣戚：欢乐与忧愁。

[译文]

一呼一吸之间，气息会流通到四肢百骸，身体有一个地方痛痒，手足心脑各个器官都会感通，这是由于同在一个身体上的缘故。不仅活生生的人是这样，即使是木偶，提起一根线，全身都会动作，这是因为有一根线连在一起的缘故。郡守、县令，就是一郡一县之线；监、司，就是一省一路之线；君、相，就是天下之线。

他们的思虑所及，四海都会为之振奋；政令所到之地，百姓莫不鼓舞。这是为什么？是因为提起了线的缘故。如果自身有痛痒而不知，这就是得了痴呆症了；手足都不会动，就是得了痿痹病了。三代以后，上下不相联属已经很久了，都是人人各顾自身，而家家各有自已的情境，悲欢生死互不关心，其罪责并不在下面的民众。

5.015　夫民怀敢怒之心，畏不敢犯之法，以待可乘之衅[①]。众心已离而上之人且恣其虐以甚之，此桀、纣之所以亡也。是以明王推自然之心，置同然之腹，不恃其顺我者之迹，而欲得其无怨我者之心，体其意欲而不忍拂[②]，知民之心不尽见之于声色而有隐、而难知者在也。此所以固结深厚而子孙终必赖之也。

[注释]

①衅：缝隙，裂痕。②拂：违逆。

[译文]

民众怀有敢于怨怒的心情，可是畏惧不敢违犯的法律，于是等待可乘之机。民众已经离心离德了，而居上位者却恣意暴戾肆虐，加剧其不满，这就是夏桀、商纣王之所以灭亡的原因。因此英明的君王能够以自己自然的心情愿望，去体会别人同样会有的心愿，不为表面顺从自己的假象所迷惑，而努力使别人没有怨恨自己的情绪。体谅民众的愿望而不忍心违背，知道民众的心情却不会表现得非常明显，而是有所隐藏在其心中。这样做就会巩固自己的基础，而子孙后代也会因此而有所依赖。

5.016　治世莫先无伪，教民只是不争。

[译文]

治理国家没有比摒除虚伪再重要的了，而教化百姓主要是使其不要相互争斗。

5.017　势有时而穷。始皇以天下全盛之威力，受制于匹夫[①]。何者？匹夫者，天子之所恃以成势者也。自倾其势，反为势所倾。故明王不恃萧墙[②]之防御，而以天下为藩篱。德之所渐，薄海[③]皆腹心之兵；怨之所结，衽席[④]皆肘腋之寇。故帝王虐民是自虐其身者也，爱民是自爱其身者也。覆辙满前而驱车者接踵，可恸哉！

［注释］

①始皇以天下全盛之威力，受制于匹夫：指秦被陈胜、吴广等农民起义军灭亡。②萧墙：古代宫室用以分隔内外的小墙，后以萧墙之患比喻内部潜在的祸患。③薄海：接近海边，泛指海内外广大地区。④衽席：卧席，引申为寝处之所。

［译文］

"势"也会有穷尽的时候。秦始皇以天下全盛的威力，为什么受制于匹夫？所谓匹夫，就是天子所赖以形成"势"的人们。自己利用这种"势"反过来又被这种"势"所灭亡。所以英明的帝王不单靠围墙做防御，而是以整个天下为藩篱。恩德所及之处，天下所有人都会成为心腹之兵；怨恨所结之处，亲密之人也会成为自己的仇敌。所以帝王虐待百姓，就是虐待自己；爱护民众，就是爱护自己。后人不看历代的前车之鉴，接踵而来，重蹈先前的覆辙，真是太可悲了！

5.018　如今天下人，譬之骄子，不敢热气，唐突便艴然[①]起怒。缙绅稍加综核则曰苛刻，学校稍加严明则曰寡恩，军士稍加敛戢[②]则曰凌虐，乡官稍加持正则曰践踏。今纵不敢任怨，而废公法以市恩独不可已乎？如今天下事，譬之敝屋，轻手推扶便愕然咋舌，今纵不敢更张，而毁拆以滋坏独不可已乎？

［注释］

①艴然：发怒的样子。②敛戢：收敛约束。

［译文］

现在的人们，如同娇生惯养的孩子，不敢对他有一点冒犯，不然他就会勃然大怒。官吏稍加考核，就说是苛刻；学校的纪律稍微严明一些，就说是寡恩；兵士稍加管束，就说是凌虐；乡官稍加纠正，就说是践踏。现在纵然不敢要求这些人做到任劳任怨，但不做违公法而市私恩的事不行吗？现在天下的事情，好比破旧的房屋，轻轻用手推，都让人目瞪口呆，现在即使不能重建，但不再变本加厉地破坏不行吗？

5.019　“公”“私”两字是宇宙的人鬼关。若自朝堂以至闾里，只把持得“公”字定，便自天清地宁、政清讼息。只一个“私”字，扰攘的不成世界。

［译文］

“公”与“私”两个字，就像宇宙之间区别人和鬼的关卡，如果上至朝廷官员下至乡里百姓，都能坚持大公无私，整个社会就会清静、安宁、廉政、息讼。只要一有自私的念头，整个世界都不得安宁。

5.020　天下之存亡系两字，曰“天命”。天命之去就系两字，曰“人心”。

［译文］

天下的存亡系在两个字上，即“天命”。天命的去留系在两个字上，即“人心”。

5.021　圣人联天下为一身，运天下于一心。今夫四肢百骸、五脏六腑皆吾身也，痛痒之微无有不觉、无有不顾，四海之痛痒，岂帝王所可忽哉！夫一指之疔如粟，可以制人之死命，国之存亡不在耳目闻见时，闻见时则无及矣。此以利害言之耳。一身麻木若不是我，非身也。人君者天下之人君，天下者人君之天下。而血气不相通，心知不相及，岂天立君之意耶！

［译文］

圣人把天下视为自己的身体，心中总在思考天下的事情。就像四肢躯干、五脏六腑，都是自己身体的一部分，些微痛痒就能感觉到、顾及到，而对天下民众的痛痒，帝王怎可忽视？在手指上长了米粒大的疔疮，可以致人以死命，国家的存亡不在耳闻目睹的事上，等到耳闻目睹时已经来不及了。这是从利害方面来讲的。身体麻木而没有感觉，就不是自己的身体了。帝王是天下的帝王，天下是帝王的天下。如果（帝王和百姓）血液、气息不相通，心灵、头脑不相连，这怎能是上天立君的本意？

5.022　三军要他轻生，万姓要他重生。不轻生不能戡乱[①]，不重生易于为乱。

［注释］

①戡乱：平定叛乱。

［译文］

对于三军将士，要让他们视死如归；对于天下百姓，要让他们珍惜生命。将士不视死如归就不能平定叛乱，百姓不珍惜生命就容易发生暴乱。

5.023　任人不任法，此惟尧、舜在上，五臣在下可矣。非是而任人，未能不乱者。二帝三王非不知通变宜民、达权宜事之为善也，以为吾常御天下，则吾身即法也，何以法为？惟夫后世庸君具臣[①]之不能兴道致治，暴君邪臣之敢于恣恶肆奸也，故大纲细目备载具陈，以防检之，以诏示之。固知夫今日之画一，必有不便于后世之推行也，以为圣子神孙自能师其意而善用于不穷，且尤足以济吾法之所未及。庸君具臣相与守之而不敢变，亦不失为半得。暴君邪臣即欲变乱而弁髦[②]之，犹必有所顾忌，而法家拂士[③]亦得执祖宗之成宪，以匡正其恶而不苟从，暴君邪臣亦畏其义正事核也而不敢遽肆，则法之不可废也明矣。

[注释]

①具臣：具位充数、不称职的臣子。②弁髦：弃置不用之物。弁，缁布冠；髦，幼童垂发。③法家拂士：明法度的大臣和辅弼之士。拂，通“弼”，辅弼。

[译文]

用人治而不用法治，这只有唐尧、虞舜在位，禹、稷、契、皋陶、伯益五位贤臣辅助的时候才能做到。如果情况不同而生搬硬套，必出祸乱。唐尧、虞舜二帝与夏禹、商汤、周文王三王并非不知通权达变对民对事都有好处，认为自己既然长久治理天下，自己即是法律的化身，又何必制定法律呢？但又怕后世的庸君和不称职的大臣不能治理好国家，暴君邪臣敢于肆意作恶，因此才立下详细的纲常法律，以防止和约束这些君臣，昭示后世。而且知道当时制定的统一纲常法律，必定有不便于后世之处，自以为其圣子贤孙善解其本意，能够灵活运用，查漏补缺。后世庸君和不称职的大臣若能遵行不变，也算达到了一半目的。暴君奸臣即使想变之弃之，必定还有所顾忌。那些法度之士、辅弼之臣，也可以拿着祖宗制定的成法来纠正暴君邪臣的恶行而不苟从，暴君邪臣也畏惧其正义而不敢过于为所欲为。由此看来，法律不可废除的原因就相当明确了。

5.024　事有知其当变而不得不因者，善救之而已矣；人有知其当退而不得不用者，善驭之而已矣。

［译文］

有的事情明知道应该改变但不得不因循，这就要善于补救；明知道有的人应罢退却不得不用，这就要善于驾驭。

5.025　使众之道，不分职守则分日月，然后有所责成而上不劳，无所推委而下不奸。混呼杂命，概怒偏劳，此不可以使二人，况众人乎？勤者苦，惰者逸，讷者冤，辩者欺，贪者饱，廉者饥，是人也，即为人下且不能，而使之为人上，可叹也夫！

［译文］

上司用人之道，如果不从职责上要求，就要从时间上要求，这样上司有所责成而不劳累，下属也没有借口推诿而耍奸滑。上司乱发命令，或是将所有的人都骂一遍，或使所有的人负担过重，这样的上司连两个人也用不好，何况更多的人呢？让勤劳的人辛苦，懒惰的人安逸，木讷的人蒙冤，狡辩的人欺骗，贪婪的人饱食，廉洁的人挨饿，这种人做个下属也不够格，却让他做上司，可叹啊！

5.026　弭盗[①]之末务莫如保甲[②]，弭盗之本务莫如教养。故斗米十钱，夜户不闭，足食之效也。守遗待主，始于盗牛，教化之功也。夫盗，辱名也，死，重法也，而人犹为之，此其罪岂独在民哉？而惟城池是恃，关键是严，巡缉[③]是密，可笑也已。

［注释］

①弭盗：止盗。②保甲：古代的一种户籍制度，以十家为一保，十保为一甲，保有保正，甲有甲长。③巡缉：巡捕缉拿。

［译文］

制止盗窃的一般措施，以保甲制度最好，制止盗窃的根本措施，以加强教化和与民休养为最佳。因此一斗米只值十个钱的时候，就能够做到夜不闭户，这是粮食充足的结果。守着失物等待失主的人，曾是以前盗过牛的人，这就是教化的功效。盗窃是可耻的名声，处死是很重的刑罚，但人还要去冒死为盗，难道都是民众的责任吗？认为单靠坚固的城池、严密的守卫以及巡察缉捕的加强就可以止盗，太可笑了。

5.027　百姓只干正经事，不怕衣食不丰足；君臣只干正经事，不怕天下不太平。试问百司庶府，所职者何官？终日所干者何事？有道者可以自省矣。

[译文]

百姓专务正业，就不怕衣食不丰足；帝王臣子专务正业，就不怕天下不太平。试问朝廷大臣和官府，你们担任的是什么官职？终日所干的是什么事情？懂得这些道理的都应该自我反省了。

5.028　人才邪正，世道为之也；世道污隆，君相为之也。君人者何尝不费富贵哉？以正富贵人，则中人皆化为君子，以邪富贵人，则君子皆化为中人。

[译文]

人的才能是用在正当的事情上还是用在邪恶的事情上，是由世道造成的；世道的好坏，是由君主和丞相造成的。君主何尝不把富贵给人呢？以正道使人富贵，则中人都会变成君子；以邪道使人富贵，君子也可以成为中人。

5.029　满目所见，世上无一物不有淫巧，这淫巧耗了世上多少生成底财货，误了世上多少生财底工夫。淫巧不诛而欲讲理财，皆苟且之谈也。

[译文]

世上满眼看到的，都是过度奇巧的事物，这些过度奇巧的事物耗费了世上多少财富？耽误了多少人创造财富的努力？不摒除这些东西而讲理财之道，都是无稽之谈。

5.030　为政之道，第一要德感诚孚，第二要令行禁止。令不行，禁不止，与无官无政同，虽尧舜不能治一乡，而况天下乎？

［译文］

为政之道，第一要以德感化，以诚服人。第二要令行禁止。有令不行，有禁不止，同没有官吏和政权一样，即使是尧、舜也无法治理好一个乡村，何况整个国家呢？

5.031　印书先要个印板真，为陶先要个模子好。以邪官举邪官，以俗士取俗士，国欲治，得乎？

［译文］

印书先要有个好印板，制作陶器先要有个好模子。以邪恶的官吏举荐邪恶的官吏，以庸俗的人来录取庸俗的人，还想把国家治理好，能做到吗？

5.032　而今举世有一大迷，自秦汉以来，无人悟得。官高权重原是投大遗难，譬如百钧重担，须寻乌获[①]来担；连云大厦，须用大木为柱。乃朝廷求贤才借之名器[②]以任重，非朝廷市私恩假之权势以荣人也。今也崇阶重地，用者以为荣人，重以予其所爱，而固以吝于所疏，不论其贤不贤。其用者以为荣己，未得则眼穿涎流以干人，既得则捐身镂骨以感德，不计其胜不胜。旁观者不论其官之称不称，人之宜不宜，而以资浅议骤迁，以格卑议冒进，皆视官为富贵之物，而不知富贵之也欲以何用。果朝廷为天下求人耶？抑[③]君相为士人择官耶？此三人者皆可怜也。

叔季之世[4]，生人其识见故如此，无怪乎宋太宗问刘昌言之涕泣，谓“吕蒙正之眼穿”也。

[注释]

①乌获：战国时秦国的力士，后用作力士的通称。②名器：指等级、地位的爵号和车服仪制。③抑：连词，还是。④叔季之世：指国穷衰乱将亡之时代。叔，指衰世；季，指将亡之世。

[译文]

现在世上有一个大谜，从秦汉以来，就没人领悟出来。官高权重，原只为了让他担当重大的责任、完成艰难的任务，就像百钧的重担，需要找乌获这样的大力士来担当；高耸入云的大厦，需要粗大的木料当梁柱一样。这是朝廷为求贤才，借用名器、地位来委以重任，并非朝廷要以此作为恩惠，给人权势来使之荣耀。现在授予高官重位者以为是为了使人荣耀，因此重用亲近之人，冷落疏远之人，而不论其是否贤良。做官的引以为荣，没得官时望眼欲穿，垂涎三尺，四处求人，得官后刻骨献身，感恩戴德，不管自己能否胜任。旁观者不论其称不称职，人选合不合适，认为资历浅薄、官位低微的就是升得太快，都把官位看做富贵的象征，却不知其富贵目的为何。这样做是朝廷为治理天下选拔人才呢，还是君主和丞相为读书人安排官位呢？这三种人很可怜。到了一个朝代的末世，人们的见识就是如此。无怪乎宋太宗问刘昌言时涕泣说：“吕蒙正这样的人让人望眼欲穿。”

5.033　汉始兴，郡守某者御州兵，常操之内免操二月，继之者罢操。又继之者常给之外，冬加酒银人五钱，又继之者加肉银人五钱，又继之者加花布银人一两。仓库不足，括税给之，犹不足，履亩加赋给之。兵不见德也而民怨。又继之者曰：“加，吾不能；而损，吾不敢。”竟无加。兵相与鼓噪曰：“郡长无恩。”率怨民以叛，肆行攻掠。元帝命刺史按之。报曰：“郡守不职，不能抚镇军民而致之叛。”竟弃市[①]。嗟夫！当弃市者谁耶？识治体者为之伤心矣。

［注释］

①弃市：处以死刑。

［译文］

汉朝刚建立的时候，有一名郡守统御管理州兵时，在士兵规定的操练时间内免去了两个月，继任的郡守又免去了操练。又继任的郡守在每个士兵规定的供给之外，冬天每人又增加酒银五钱。又继任的人又给每人增加肉银五钱，再继任的人又给每人增加花布银一两。仓库的银两不够，就用收税的办法来解决；还不足，就按亩增加田赋。如此士兵并不感恩戴德而老百姓却怨声载道。后来又继任的人说：“再增加，我做不到；而减少，我也不敢。”最终没有增加。这时士兵就群起喧闹说：“郡守对我们没有恩惠。”带领着怨声载道的百姓举行叛乱，大肆地攻打抢掠。汉元帝命令刺史去审查这个案件，刺史报告说：“郡守不称职，不能镇抚军民而导致叛乱。”最后郡守被杀了头。唉，应该被杀头的是谁呢？懂得治体的人真为之伤心啊！

5.034　迂儒识见，看得二帝三王事功只似阳春雨露，妪煦可人，再无一些冷落严肃之气。便是慈母也有诃骂小儿时，不知天地只恁阳春成甚世界？故雷霆霜雪不备，不足以成天威怒；刑罚不用，不足以成治。只五臣[①]耳，还要一个皋陶，而二十有二人，犹有四凶之诛[②]。今只把天德王道看得恁秀雅温柔，岂知杀之而不怨便是存神过化[③]处，目下作用须是汗吐下后服四君子、四物[④]百十剂才是治体。

［注释］

①五臣：《论语·泰伯》："舜有臣五人而天下治。"五臣指禹、稷、契、皋陶、伯益。皋陶主治刑狱。②二十有二人，犹有四凶之诛：《史记·五帝本纪》称舜封臣子二十二人而天下大治。四凶之诛，指舜流放浑沌、穷奇、梼杌、饕餮四凶族。③存神过化：《孟子·尽心上》："夫君子所过者化，所存者神，上下与天地同流，岂曰小补之哉！"④四君子：即"四君子汤"。四物：指"四物汤"。

［译文］

迂腐的士人，其见识只能看到二帝三王的事业像阳春雨露，温暖滋润，可人之意，却没有一点冷落严肃的气象。其实慈母也有责骂孩子的时候，殊不知如果天地只有阳春，还成什么世界？所以没有雷霆霜雪，无法显示上天的威严、愤怒；不使用刑罚，就无法治理国家。舜有五位大臣，其中还有皋陶主持刑狱；舜封臣子二十二人，还诛杀了四凶。现在把天德王道看得那样秀雅温柔，殊不知被杀而不怨才是圣人神妙的教化所起的作用。现在起作用的办法是出汗呕吐以后再服四君子汤、四物汤百十剂，才是治病的良方。

5.035　两精、两备、两勇、两智、两愚、两意，则多寡、强弱在所必较；以精乘杂，以备乘疏，以勇乘怯，以智乘愚，以有余乘不足，以有意乘不意，以决乘二三[①]，以合德乘离心，以锐乘疲，以慎乘怠，则多寡强弱非所论矣；故战之胜负无他，得其所乘与为人所乘，其得失不啻百也。实精也，而示之以杂；实备也，而示之以疏；实勇也，而示之以怯；实智也，而示之以愚；实有余也，而示之以不足；实有意也，而示之以不意；实有决也，而示之以二三；实合德也，而示之以离心；实锐也，而示之以疲；实慎也，而示之以怠，则多寡强弱亦非所论矣。故乘之可否无他，知其所示，知其无所示，其得失亦不啻百也。故不藏其所示，凶也；误中于所示，凶也。此将家之所务审也。

［注释］

①二三：时二时三，指不专一，反复无定。

［译文］

如果双方都具有精锐的力量，双方都做好了准备，双方都勇敢无畏，双方都足智多谋，双方都愚蠢不堪，双方都有料想，无论相比之下力量多寡强弱都会发生较量。以精锐利用其混杂，以详备利用其疏忽，以智谋利用其愚蠢，以有余利用其不足，以有意乘其不意，以果断决绝利用其三心二意，以团结利用其分裂，以斗志昂扬利用其疲惫不堪，以慎重利用其惰怠，那么双方谁强谁弱谁多谁寡自然不必说了。所以战争的胜负不在其他，就在于是利用对方还是被对方利用罢了。利用与被利用，相差何止百倍。实际上精锐，却故意表现出混杂；实际上有准备，却故意表现出疏忽；实际很勇敢，却故意表现得怯懦；实际很聪明，却故意表现得愚蠢；实际上有余，却故意暴露出不足；实际上有意，却故意暴露出无意；实际很果断，而故意显示出犹豫不决；实际上团结一致，而故意表现出离心离德；实际上士气高昂，却故意表现得疲惫不堪；实际上很谨慎，却故意暴露出惰怠，那么双方的强弱多寡也不可同日而语了。所以利用对方的弱点，没有其他的方法，主要应弄清对方暴露出来的是什么，没有暴露出来的又是什么，这样双方的得失相差就不只百倍了。因此说，不会掩饰自己，是很危险的；错误地相信对方的表现，也是很危险的。这是将帅应该详加审度的。

5.036　居官只一个快性，自家讨了多少便宜，左右省了多少负累，百姓省了多少劳费。

［译文］

做官只要雷厉风行，自己就会有很大益处，下属也省了很大的负担，百姓也省了许多劳苦资费。

5.037　余佐司寇日，有罪人情极可恨而法无以加者，司官曲拟重条，余不可。司官曰：“非私恶也，以惩恶耳。”余曰：“谓非私恶，诚然；谓非作恶，可乎？君以公恶轻重法，安知他日无以私恶轻重法者乎？刑部只有个‘法’字，刑官只有个‘执’字，君其慎之。”

[译文]

我在刑部任职侍郎的时候，有一名罪犯，案情极其可恨，而根据法律又不能再重判，当事官员要牵强附会法律条文而判其重刑，我说这样做不行。当事官员说：“这并非出于我个人的憎恶，而是为了惩戒恶人。”我说：“您说并非出于个人憎恶，确实如此；但说您没有放任个人憎恶，可以吗？您因公众对他憎恶就加重刑罚，怎么知道以后就不会以个人的憎恶而随意轻判重判呢？刑部只有个‘法’字，刑官只有个‘执’字，您应该慎重考虑。”

5.038　滥准、株连、差拘、监禁、保押、淹久、解审、照提，此八者，狱情之大忌也，仁人之所隐也。居官者慎之。

[译文]

草率、株连、拘留、监禁、取保、拖延、解审、照提，这八种情况，是审理狱案的大忌，仁善之人都避免这样做。作为官员对此一定要慎重。

5.039　养民之政，孟子云：“老者衣帛食肉，黎民不饥不寒。[①]”韩子云：“鳏寡孤独废疾者皆有养也。[②]”教民之道，孟子云：“使契为司徒，教以人伦，父子有亲，君臣有义，夫妇有别，长幼有序，朋友有信。放勋曰：‘劳之来之，匡之直之。辅之翼之，使自得之，又从而振德之。’”[③]《洪范》曰：“无偏无陂，遵王之义；无有作好，遵王之道；无有作恶，遵王之路；无偏无党，王道荡荡；无党无偏，王道平平；无反无侧，王道正直。会其有极，归其有极。[④]”予每三复斯言[⑤]，汗辄浃背；三叹斯语，泪便交颐[⑥]。嗟夫！今之民非古之民乎？今之道非古之道乎？抑世变若江河，世道终不可反乎？抑古人绝德后人终不可及乎？吾耳目口鼻视古人有何缺欠？爵禄事势视古人有何靳啬[⑦]？俾六合景象若斯，辱此七尺之躯，靦面[⑧]万民之上矣。

［注释］

①老者衣帛食肉，黎民不饥不寒：语出《孟子·梁惠王上》。②鳏寡孤独废疾者皆有养也：语出韩愈《原道》。③孟子云：“使契为司徒……”：语出《孟子·滕文公上》。契，舜的大臣；司徒，官名；放勋，尧。④无偏无陂，遵王之义；无有作好，遵王之道；无有作恶，遵王之路；无偏无党，王道荡荡；无党无偏，王道平平；无反无侧，王道正直。会其有极，归其有极：不要偏邪不正，要遵循王的法则；不要私心有所偏爱，要遵循王所指明的道理；不要私心有所偏恶，要遵循王所规定的道路；不要有所偏私而又偏袒同党，王的道路才能平易；不要反复无常而又偏邪不正，王的道路就会又正又直。聚集诸侯臣工要有法则，诸侯臣工归附天子也要有法则。《洪范》，《尚书》篇名。⑤三复斯言：多次重复这句话。⑥颐：腮，下颔。⑦靳啬：吝惜。⑧靦面：面有愧色。

［译文］

对于养民之政，孟子主张：老人有丝棉的衣服穿，有肉吃，一般百姓饿不着冻不着。韩愈主张：那些鳏夫、寡妇、孤老、孤儿和残废有病的人都有人抚养。对于教民之道，孟子说：“让契这样的贤人任司徒，教给人民行为的准则和人伦道理，使父子相亲，君臣有义，夫妇有别，长幼有序，朋友有信。尧说：‘督促他们，纠正他们，使他们各得其所，然后加以提携和教诲。’”《洪范》说：“无偏无陂，遵王之义；无有作好，遵王之道；无有作恶，遵王之路；无偏无党，王道荡荡；无党无偏，王道平平；无反无侧，王道正直。会其有极，归其有极。”我每当诵习此言，便汗流浃背；每当感叹此语，便泪流满面。唉！现在的民众，和古代的民众不一样了吗？现在的道理，难道也和古代的道理不同了吗？是不是世道的变化如江河一般，再也不能恢复到以前的样子了呢？还是古人道德高尚无比，后人终究达不到呢？我们的身体比古人有什么缺陷吗？还是如今朝廷的官爵俸禄和事功权势比起古时吝惜不舍得授予仁人志士呢？如果天下情形都是这样，那就白白长了这个七尺的身躯，处于万民之上真是惭愧。

5.040　德立行成了，论不得人之贵贱、家之贫富、分之尊卑，自然上下格心[①]，大小象指[②]。历山耕夫[③]有甚威灵气焰？故曰：“默而成之，不言而信，存乎德行。”[④]

［注释］

①格心：正心。②象指：像指头一样听从使唤。③历山耕夫：指舜微时曾耕于历山。④默而成之，不言而信，存乎德行：语出《周易·系辞上》。

［译文］

道德操守修养好了，立身行事做得好了，就不必计较其出身的贵贱、家庭的贫富、身份的尊卑。这样自然就会使大家齐心，大人小孩都听从指挥。舜本来只是历山一个耕田的农夫，有什么威势气焰？因此《易经》说：“默默地成功了，不说话别人就会相信，主要在于要有高尚的道德品行。”

5.041　天下之事，要其终而后知君子之用心、君子之建立，要其成而后见事功之济否。可奈庸人俗识，谗夫利口，君子才一施设，辄生议论。或附会以诬其心，或造言以甚其过。是以志趣不坚、人言是恤[①]者辄灰心丧气，竟不卒功。识见不真、人言是听者辄罢君子之所为，不使终事。呜呼！大可愤心矣。古之大建立者，或利于千万世而不利于一时，或利于千万人而不利于一人，或利于千万事而不利于一事。其有所费也似贪，其有所劳也似虐，其不避嫌也易以招摘取议。及其成功而心事如青天白日矣，奈之何铄金销骨之口夺未竟之施，诬不白之心哉？呜呼！英雄豪杰冷眼天下之事，袖手天下之敝，付之长吁冷笑，任其腐溃决裂而不之理，玩日愒月[②]，尸位素餐而苟且目前以全躯保妻子者岂得已哉？盖惧此也。

［注释］

①恤：忧虑。②玩日愒月：贪图安逸，虚度日月。

［译文］

天下的事，要到最后才能知道君子的动机、目的，要等事情做完以后才能看出其能否成就事功。可惜庸俗者有着狭隘的见识，谄媚者有着刻薄的言语，君子才一开始做事他们就大放厥词，或者牵强附会诬蔑君子的用心，或者造谣诽谤夸大君子的过失，因此那些意志不坚定、轻信别人话的人，就会灰心丧气，以至于不再努力。那些没有见识、听信他人的人，听到了这些议论就不再按君子说的办，使事情半途而废。唉！太令人气愤了。古时大有作为的人，或者有利于后世而不利于当时，或者有利于广大民众而不利于极个别人，或者对大多数事情有利对少数事情不利。当然他们耗用的财力很多，好像很贪婪似的；所有的人很辛苦，好像很暴虐似的；他们做事不避嫌疑，容易招来指摘和非议。直到他们成功，其动机才大白于天下。怎么能以刁钻刻薄的言语，强行评判没有完成的事情，在他人没有辩解的时候诬蔑其动机呢？唉！英雄豪杰中的有些人冷眼看待天下之事，对天下的弊端袖手旁观，只付之冷笑和叹息罢了，任其腐烂溃败而不管，整天吟风弄月，在位而不理事，苟且偷生以保全妻儿子女，难道他们甘心这样吗？也就是因为惧怕众口铄金吧。

5.042　变法者变时势不变道，变枝叶不变本。吾怪夫后之议法者偶有意见，妄逞聪明，不知前人立法千思万虑而后决。后人之所以新奇自喜，皆前人之所以熟思而弃者也，岂前人之见不及此哉！

［译文］

变法的人，应该是改变时势而不改变道理，改变枝叶而不改变根本。我觉得后世议论变法的人很不好，偶而有了一点见解，就狂妄地卖弄自己的聪明，岂不知前人立法的时候是经过千思万虑才决定下来的。后人认为新奇而自以为得意的见解，都是前人经过深思熟虑而弃置不用的，哪里是前人没有考虑到呢！

5.043　今之用人，只怕无去处，不知其病根在来处；今之理财，只怕无来处，不知其病根在去处。

［译文］

现在任用人才，只怕没有地方安排，岂不知错误的根源在其来处。现在管理财产，只怕没有财源，却不知出现弊端的根本在于如何使用。

5.044　居官有五要：休错问一件事，休屈打一个人，休妄费一分财，休轻劳一夫力，休苟取一文钱。

［译文］

做官有五个要点：不要错问一件事，不要屈打一个人，不要浪费一分钱财，不要随便使用一个劳力，不要苟取一文钱。

5.045　兵，以死使人者也。用众怒，用义怒，用恩怒。众怒仇在万姓也，汤武之师是已；义怒以直攻曲也，三军缟素是已；恩怒感激思奋也，李牧[①]犒三军，吴起[②]同甘苦是已。此三者，用人之心，可以死人之身，非是皆强驱之也。猛虎在前，利兵在后，以死殴死，不战安之？然而取胜者幸也，败与溃者十九。

[注释]

①李牧：战国时赵国良将，对手下士兵极好。②吴起：战国时卫人，善于用兵打仗，作战时与士兵同吃同住，曾为受伤士病吸脓。

[译文]

用兵，就是使他人为其送死。所利用的是众怒、义怒、恩怒。众怒，是百姓自己仇恨，商汤、周武王的军队就是这样；义怒，是以正义攻击邪恶，像披麻戴孝、誓死报仇的三军就是这样；恩怒，是由于感激而愿意为之奋斗，像李牧犒劳三军、吴起与士兵同甘共苦就是这样。这三种方法，利用的是人心，可以达到使人去死的效果，除此之外都是靠强迫驱使军队去作战。势如猛虎的敌人在前面，手持利刃的监军在后面，退缩就得处死，在这种情况下，不去作战又能够怎么样呢？然而靠这种方法取胜的，只是侥幸罢了，十有八九是要溃败的。

5.046　民情甚不可郁[①]也。防以郁水，一决则漂屋推山；炮以郁火，一发则碎石破木。桀、纣郁民情而汤、武通之，此存亡之大机也，有天下者之所夙夜孜孜者也。

[注释]

①郁：郁结，堵塞。

[译文]

民众的情绪不可郁积。堤岸是用来蓄水的，一旦决口就会冲倒房屋，淹没山头。火炮是蕴藏火的，一旦发射，就会石碎木破。夏桀、商纣郁积民众的情绪，而商汤、周武王使之通畅，这是国家存亡的关键，是帝王日夜孜孜以虑的。

5.047 国家之取士以言也，固将曰言如是行必如是也。及他日效用，举背之矣。今闾阎小民立片纸，凭一人，终其身执所书而责之不敢二，何也？我之所言昭然在纸笔间也，人已据之矣。吁！执卷上数千言，凭满闱之士大夫，且播之天下，视小民片纸何如？奈之何吾资之以进身，人君资之以进人，而自处于小民之下也哉？噫！无怪也。彼固以空言求之，而终身不复责券也。

[译文]

国家选拔官吏是因其言论，本来认为其言论是这样，行为也一定是这样。到了以后实际任用的时候，才发现原来是两回事。现在普通百姓立一纸文书，找一个证人，别人终身就可以拿着它督促他，他也不敢违背。为什么呢？自已的言论已经明明白白地写在纸上了，别人已经有了凭据了。唉！以试卷上的数千言，凭借满考场士人之口已传播天下，这比普通百姓的一张纸又怎么样呢？为什么我靠它当了官，帝王靠它选了人，却把自己降低到普通民众之下呢？唉！也难怪，他本来就是以空言来求官，因而一辈子也不兑现。

5.048 卑卑世态，袅袅人情，在下者工不以道之悦，在上者悦不以道之工。奔走揖拜之日多，而公务填委[①]；简书酬酢[②]之文盛，而民事罔闻。时光只有这些时光，精神只有这些精神，所专在此，则所疏在彼。朝廷设官本劳己以安民，今也扰民以相奉矣。

[注释]

①填委：纷集，堆积。②酬酢：应酬。

[译文]

当今世态，唯唯诺诺，人情纷繁，下面的人擅长以不正当的手段讨取欢心，上面的人喜欢那些无聊的机巧谄媚。互相拜访应酬的时候太多，而公务积压堆积；书信往来应酬的文章多，而百姓的事情置若罔闻。时光只有这点时光，精神也只有这点精神，如果专心在这方面，另一方面就会疏忽。朝廷设置官位，本来是为了自己辛苦一些而使民众安定，现在成了以扰民来回报官位了。

5.049　“与其杀不辜，宁失不经”①，此舜时狱也。以舜之圣、皋陶之明，听比屋可封②之民，当淳朴未散之世，宜无不得其情者，何疑而有不经之失哉？则知五听之法③不足以尽民，而疑狱难决自古有之，故圣人宁不明也而不忍不仁。今之决狱，辄耻不明而以臆度之见、偏主之失杀人，大可恨也。夫天道好生，鬼神有知，奈何为此？故宁错生了人，休错杀了人。错生则生者尚有悔过之时，错杀则我亦有杀人之罪。司刑者慎之。

[注释]

①“与其杀不辜，宁失不经”：语出《尚书·大禹谟》。不经，不合常规。②比屋可封：形容教化成就之大，家家都有很高的德行，人人可以旌表。③五听之法：《周礼》中所讲的五种听狱讼、求民情的方法。

[译文]

“与其诛杀无辜的人，宁可违背常规”，这是帝舜时代治狱的原则。以舜的圣德、皋陶的明察，面对的是家家都有德行、人人可以表彰的民众，处于未失淳朴风气的世道，应该没有不了解其情由的事情，怎么还会怀疑有违背常规的疏忽呢？由此可知，用五听之法尚不足以对待所有的人，因而自古以来就有难以判断的疑案。因此圣人宁可落个不英明的名声也不忍心滥杀无辜。现在的刑狱决断，就怕别人说自己不英明，凭着臆断推想和偏颇的主观见解而杀人，太可恨了。上天有好生之德，鬼神也暗中有知，为什么要这样做呢？因此宁可错判留下活口，也不能错判杀害无辜。如果错误地使有罪的人活了下来，他可能会有悔悟的时候；如果错杀了人，自己也犯了杀人之罪。掌管刑狱的人一定要慎重。

5.050　大纛高牙[①]，鸣金奏管，飞旌卷盖，清道唱驺[②]，舆中之人志骄意得矣。苍生之疾苦几何？职业之修废几何？使无愧于心焉，即匹马单车，如听钧天之乐[③]。不然是益厚吾过也。妇人孺子岂不惊炫？恐有道者笑之。故君子之车服仪从足以辨等威而已，所汲汲者固自有在也。

[注释]

①大纛高牙：大纛，仪仗队中的大旗。高牙，大将的牙旗。这里泛指高官的仪仗队。②唱驺：引马骑卒传呼开道。驺，开道引马的骑卒。③钧天之乐：指上天之乐。钧天，天之中央，上帝所居。

[译文]

高牙大旗，鼓乐震天，旌旗飘扬，吆喝开道，坐在轿子里的人是那么志得意满。然而有多少苍生百姓的疾苦？有多少职业的荒废？假使无愧于良心，即使是单车匹马也像听着上天之乐一样。否则就是更加深了自己的罪过。妇人小孩当然会惊慌害怕，但有道之人恐怕只会耻笑。因此君子的车服仪式只要能表示出身份、等级、威仪就可以了，孜孜以求的不应该是这些。

5.051　夫治水者，通之乃所以穷之，塞之乃所以决之也。民情亦然。故先王引民情于正，不裁于法。法与情不俱行，一存则一亡。三代之得天下，得民情也；其守天下也，调民情也。顺之而使不拂，节之而使不过，是谓之调。

［译文］

治理水患，用疏通的办法使水流畅通才可以免除水灾，用堵塞的办法只能造成堤防崩溃、洪水为患。民情也是这样。因此先王把民情引向淳正，不用法来裁治。法和情不能同时并行，一方存在，另一方就会消亡。三代能够得天下，是因为顺应了民情；三代能够守天下，是因为调和了民情。顺应而不违背，节制而不使其过分，这就叫做调和。

5.052　进贤举才而自以为恩，此斯世之大惑也。退不肖之怨，谁其当之？失贤之罪，谁其当之？奉君之命，尽己之职，而公法废于私恩，举世迷焉，亦可悲矣。

［译文］

把举荐人才当做一种施恩，这是令世间众人迷惑的事情。那么辞退无能之辈招致的怨恨，让谁来承担呢？丧失贤良人才的罪过，又让谁来承担呢？得到帝王的任命，就应该恪守自己的职责，但因为个人的恩怨而废弃公共的法度，全世界都对此不解，这种情况也太可悲了。

5.053　法多则遁情愈多，譬之逃者，入千人之群则不可觅，入三人之群则不可藏矣。

［译文］

法令愈多，隐情就愈多。譬如逃跑的人，逃入成千上万的人群之中，再也找不到了。如果跑到三个人当中，就隐藏不住。

5.054　笃恭[①]之所发，事事皆纯王[②]，如何天下不平？或曰：才说所发，不动声色乎？曰：日月星辰皆天之文章，风雷雨露皆天之政令，上天依旧笃恭在那里。笃恭，君子之无声无臭也。无声无臭[3]，天之笃恭也。

［注释］

①笃恭：不动气色而恭敬。②纯王：纯一王道。③无声无臭：没有声音，没有气味。

［译文］

从笃厚恭敬的心中发出来的，事事都是纯粹王道，天下怎么能不太平呢？有人问：你刚才说心中发出，难道外在就没有表现吗？回答是：日月星辰都是天的礼乐法度，风雷雨露都是天的政策法令，上天依旧笃厚恭敬地存在着。笃恭，是君子无声无臭的表现。无声无臭，就是天的笃恭。

5.055　无事时惟有丘民好蹂践，自吏卒以上，人人得而鱼肉之。有事时惟有丘民难收拾，虽天子亦无躲避处，何况衣冠？此难与诵诗读书者道也。

［译文］

天下太平的时候，只有老百姓好欺负，自吏卒以上，人人都能鱼肉百姓。天下混乱时，唯有百姓最难管理，即使是天子也无处躲避，更何况衣冠士绅呢？这个道理难以和只知诵读诗书的人讲。

5.056　太和之气虽贯彻于四时，然炎徼[1]以南常热，朔方以北常寒姑无论，只以中土言之，纯然暄燠而无一毫寒凉之气者，惟是五月半后、八月半前九十日耳。中间亦有夜用袷[2]绵时。至七月而暑已处，八月而白露零，九月寒露、霜降，亥子丑寅[3]其寒无俟言矣。二三月后犹未脱绵，谷雨以后始得断霜。四月已夏，犹谓清和。大都严肃之气岁常十八，而草木二月萌芽，十月犹有生意，乃生育长养不专在于暄燠，而严肃之中正所以操纵冲和之机者也。圣人之为政也法天，当宽则用春夏，当严则用秋冬，而常持之体则于严威之中施长养之惠。何者？严不匮，惠易穷，威中之惠鼓舞人群，惠中之惠骄弛众志。子产相郑④，铸刑书⑤、诛强宗、伍田畴⑥、褚衣冠⑦。及语子太叔，犹有莫如猛之言⑧，可不谓严乎？乃孔子之评子产，则曰惠人也⑨，他日又曰子产众人之母⑩。孔子之为政可知矣。彼沾沾煦煦，尚姑息以养民之恶，卒至废弛玩愒，令不行、禁不止，小人纵恣，善良吞泣，则孔子之罪人也。故曰居上以宽为本，未尝以宽为政。严也者，所以成其宽也。故怀宽心不宜任宽政，是以懦主杀臣，慈母杀子。

［注释］

①炎徼：南方边远之地。徼，边界。②袷：夹衣。③亥子丑寅：指农历十月、十一月、十二月、一月。④子产相郑：子产，名侨，春秋时郑国人，曾做郑国宰相，使郑国大治。⑤铸刑书：古代将刑书铸于鼎上，意味设立法度。⑥伍田畴：伍，纳田税；畴，耕地。⑦褚衣冠：褚，同“贮”，财物税。⑧及语子太叔，犹有莫如猛之言：指春秋时郑子产问政于然明，并告诉子太叔然明贤的事。⑨乃孔子之评子产，则曰惠人也：语见《论语·宪问》：“或问子产。子曰：‘惠人也。’”⑩他日又曰子产众人之母：《礼记·仲尼燕居》载：“子曰：‘师尔过，而商也不及。子产犹众人之母也。能食之，不能教之。’”

［译文］

虽然太和之气在春夏秋冬四季都有，但是南方经常很热，北方经常寒冷。这些姑且不论，只就中原而言，真正温暖而没有寒凉之气的天气，只是五月十五以后至八月十五以前这九十天而已，中间也有夜间需要穿夹衣的时候。到了七月就已经处暑，八月白露，九月寒露、霜降，十月至一月天气寒冷就不必说了。二三月以后还不能脱掉棉衣，谷雨以后才开始断霜。四月进入夏季，还是清和天气。大体说来，严寒肃杀的天气一年常有十分之八，而草木二月萌芽，十月还在生长，可见生育长养不只在温暖的气候下，在严寒肃杀之中，正掌握着冲和温暖的生机。圣人处理国政要效法上天，应该宽和的时候，就如同春夏；应当严厉的时候，就如同秋冬，而经常掌握的准则应该是在威严之中施行长养的恩惠。为什么要这样呢？严厉不会匮乏，恩惠容易穷尽，威严之中的恩惠容易使人鼓舞，恩惠之中的恩惠容易使人意志松懈。春秋时期子产做郑国的宰相，铸刑法书典，诛豪强大族，按田亩纳赋，按财物交税。但他与子太叔谈话时，还强调不够严厉，难道还能说不严吗？可是孔子评价子产时，则说他是“惠人”，后来又说子产是大家的榜样，由此可知孔子为政的原则了。那些对民温和、用姑息的态度纵容人的恶行的人，最终使政令废弛，民众贪图安逸，虚度岁月，令不行禁不止，小人肆意猖狂，善良的人忍气吞声，这些人是孔子的罪人啊！因此，身居上位的人应该以宽为本，不能以宽为政。严厉的做法，正是为了达到宽大的目的。所以应该有宽厚的胸怀但不应当用宽厚的政令，这样就会出现懦弱的帝王诛杀大臣、慈祥的母亲杀死儿子的情况。

5.057　盈天地间只靠二种人为命，曰农夫、织妇。却又没人重他，是自戕其命也。

[译文]

世界上只靠着两种人来养育人类，那就是农夫和织妇，然而却没有人重视他们，这是在断送自己的生命。

5.058　酒之为害，不可胜纪也。有天下者而不知严酒禁，虽谈教养，皆苟道耳。此可与留心治平者道。

[译文]

酒的危害，真是不可胜数。统治天下的人不知严禁酒令，即便谈教养，也都是苟且之道，这些话可以与留心天下大事的人说。

5.059　而今当民穷财尽之时，动称矿税之害，以为事于君父，谏之不行，总付无可奈何。我且就吾辈安民节用以自使者言之。饮食入腹，三分银用之不尽，而食前方丈，总属暴殄，要他何用？仆隶二人，无三十里不肉食者，下程饭卓，要他何用？轿扛人夫，吏书马匹，宽然有余，而鼓吹旌旗，要他何用？下筦上簟，公座围裙，尽章物采矣，而满房铺毡，要他何用？上司新到，须要参谒，而节寿之日，各州县币帛下程充庭盈门，要他何用？前呼后拥，不减百人，巡捕听事，不缺官吏，而司道府官交界送接，到处追随，要他何用？随巡司道揖拜之外张筵互欵，期会不遑，而带道文卷尽取抬随，带道书吏尽人跟从，要他何用？官官如此，在在如此，民间节省一岁尽多此，岂朝廷令之如此、不得不如此耶？吾辈可以深省矣。

［译文］

如今民穷财尽的时候，动不动就说是矿税之害，认为效忠君王，自己的谏议不被采纳，是无可奈何的事。我只就那些自认为以安抚百姓、节约费用为己任的人来评论。日常饮食，连三钱银子都用不完，而满桌的大鱼大肉都是浪费，要这有什么用？两个仆人，走不三十里就休息吃肉，这些路途筵席，有什么用？自己有轿夫、有书吏，有马匹，下属宽松有余，还要旌旗仪仗，有什么用？办公椅上铺着筦簟，缀着围边，已经够漂亮豪华了，还要满屋子铺上地毯，这有什么用？上司新来时，固然需要拜访，但一逢节寿之日，各州县送的钱物满屋都是，这有什么用？前呼后拥，不下百人，巡捕听事等官吏，一个不缺，而司道府官于交界处接送往来，这有什么用？随巡司道官员除了拜访之外还要相互宴请、聚会，应接不暇，而公务文卷都被跟着拿走，公务书吏到处跟随，这有什么用？官官如此，到处如此，民间百姓节省一年的费用大多如此，难道是朝廷让这样、不得不这样吗？我们应该深思反省了。

5.060　簿书所以防奸也。簿书愈多而奸愈黠，何也？千册万簿，何官经眼？不过为左右开打点之门，广刁难之计，为下司增纸笔之孽，为百姓添需索之名。举世昏迷，了不经意，以为当然，一细思之，可为大笑。有识者裁簿书十之九，而上下相安，弊端自清矣。

[译文]

官府文书是用来防止奸人作弊的。可文书越多奸人越狡猾，这是为什么呢？千册万簿档案，有什么官吏看呢？只不过是为左右开贿赂的门路，增加刁难的途径，为下属增加纸笔的罪孽，为百姓增加勒索的名目罢了。世人糊涂，毫不在意，认为这是正常的事，仔细一想，真是可笑。明白的人将簿书裁去十分之九，这样反而上下相安无事，弊端自然消除。

5.061　养士用人，国家存亡第一紧要事，而今以当故事。

[译文]

培养、选拔人才，是关系国家存亡的第一要事，如今却被当做陈年旧事。

5.062　臣是皋、夔、稷、契，君自然是尧舜，民自然是唐虞。士君子当自责：我是皋、夔、稷、契否？终日悠悠泄泄，只说吾君不尧舜，弗俾厥后，惟尧舜是，谁之愧耻？我辈高节厚禄，宁不惶汗？

[译文]

如果大臣们都是皋陶、夔、稷、契之类的人物，君王自然像尧舜一样，而人民自然如唐虞时代的人民。士君子应当自责：我是皋陶、夔、稷、契一般的大臣吗？整天松松垮垮，只知道抱怨自己的君王不是尧舜，无法为后人树立榜样，只有尧舜才是贤明的，那么，到底谁应该感到羞愧、耻辱呢？我们享受着高位厚禄，难道不羞愧流汗吗？

5.063　惟有为上的难，今人都容易做。

［译文］

只有居高位的人比较难，当今其他人都容易做。

5.064　听讼者要知天平未称物先，须是对铖，则称物不爽，听讼之时心不虚平，色态才有所着，中证便有趋向，况以辞示之意乎？当官先要慎此。

［译文］

判断官司的人要明白，天平在稳重之前，先要对好星子，否则称物就不准，断案时心里不担心不公平，表情、举止稍微有些不一样，中证便看眼色行事了，更何况以言辞暗示呢？做官先要警惕这些。

5.065　天下之势，顿可为也，渐不可为也。顿之来也骤，渐之来也远；顿之着力在终，渐之着力在始。

［译文］

天下大势，集中力量可以成功，逐渐进行则不能成功。集中力量就会速战速决，逐渐进行则会任重道远；集中力量着力于最后，逐渐进行则着力于开始。

呻吟语卷六

人　情

6.001　一巨卿还家，门户不如做官时，悄然不乐，曰："世态炎凉如是，人何以堪？"余曰："君自炎凉，非独世态之过也。平常淡素是我本来事，热闹纷华是我倘来事[①]，君留恋富贵以为当然，厌恶贫贱以为遭际，何炎凉如之而暇叹世情哉！"

[注释]

①倘来事：偶然而来的事。

[译文]

一位大官退职还家后，家里不比做官时热闹，他心中怏怏不乐，说道："世态炎凉到了这种地步，让人如何忍受？"我说："这是因为你自己感到炎凉而已，并不是世态的过错。平静淡然是我原有的生活，而热闹繁华却是偶尔的。你留恋荣华富贵，以为是理所当然的生活，厌恶贫贱，以为是遇到不测，怎么能说世态炎凉成这个样子，而你又因此感叹世态人情呢？"

6.002　两人相非，不破家不止，只回头认自家一句错，便是无边受用。两人自是，不反面稽唇[①]不止，只温语称人一句好，便是无限欢欣。

［注释］

①反面稽唇：翻脸争论。

［译文］

两个人互相诽谤，不到家破人亡的地步就不能停止，其实只需自己认一句错，便有无穷受用了。两人都以为自己是对的，不到翻脸争论就各不罢休，其实只需温和地称赞对方一句好，便有无限欢乐了。

6.003　守义礼者，今人以为倨傲；工谀佞者，今人以为谦恭。举世名公达宦，自号儒流，亦迷乱相责而不悟，大可笑也。

［译文］

坚守道义礼仪的人，会被现在的人认为骄傲自大；善于阿谀奉承的人，却会被现在的人认为谦虚恭敬。世上的一些达官名人，自以为是儒者，也感到迷惑不解，互相责备而不能领悟真谛，太可笑了。

6.004　世间有三利衢坏人心术，有四要路坏人气质，当此地而不坏者，可谓定守矣。君门，士大夫之利衢也。公门，吏胥之利衢也。市门，商贾之利衢也。翰林、吏部、台、省，四要地也。有道者处之，在在都是真我。

［译文］

世上有三条通往利禄的道路可以腐蚀人的心术，有四条重要的渠道可以腐蚀人的气度。经受得这种检验的，可以算是坚定操守了。君王之门，是达官贵人通往利禄的道路。公府之门，是吏胥通往利禄的道路。市集之门，是商贾通往利禄的道路。翰林院、吏部、都察院、内阁，则是官场中四个亨通发达的重要地方。品行端正的人居于这三条通往利禄的道路和四个重要的地方，会泰然处之，处处都能展现真正的自我。

6.005　朝廷法纪做不得人情，天下名分做不得人情，圣贤道理做不得人情，他人事做不得人情，我无力量做不得人情。以此五者徇①人，皆妄②也，君子慎之。

[注释]

①徇：顺从。②妄：不正当行为。

[译文]

朝廷的法纪容不得人情，天下的名分容不得人情，圣贤的道理容不得人情，别人的事情容不得人情，自己没有力量容不得人情。以这五种世情示人，都是不正当的行为，正人君子一定要小心。

6.006　两悔无不释之怒，两求无不合之交，两怨无不成之祸。

[译文]

双方都后悔退让，没有解不开的仇怨。双方都渴望友好共处，没有不和合的交往。双方都相互怨恨，没有酿不成的祸患。

6.007　攻人者，有五分过恶只攻他三四分，不惟彼有余惧，而亦倾心引服，足以塞其辩口。攻到五分已伤浑厚，而我无救性矣。若更多一分，是贻之以自解之资，彼据其一而得五，我贪其一而失五矣。此言责家之大戒也。

[译文]

指责别人的时候，有五分的错误，只指出三四分即可，这样不仅会使对方心有余悸，而且也会使其心服口服，难以自我辩解。如指出五分的错误，就已经有伤浑厚了，而自己也失去退路。倘若再多一分，就给了对方辩解的机会，对方根据这一分推翻了其余的五分，而我因多说了一分而失去了五分。这话是告诫别人的人尤应注意的。

6.008　恕[1]人有六：或彼识见有不到处，或彼听闻有未真处，或彼力量有不及处，或彼心事有所苦处，或彼精神有所忽处，或彼微意有所在处。先此六恕，而命之不从，教之不改，然后可罪也已。是以君子教人而后责人，体[2]人而后怒人。

［注释］

①恕：宽恕。②体：体谅。

［译文］

宽恕别人有六种情况：或者由于对方见识不够，或者由于对方听闻不真，或者由于对方力量不及，或者由于对方心有所苦，或者由于对方精神有所疏忽，或者由于对方有其他的用意。先根据这六种情况宽恕他人，如果还是不服从命令，不听教诲，就可以进行惩罚。所以君子先教育人，而后才责罚人，先体谅人，而后才责怪人。

6.009　人到无所顾惜时，君父之尊不能使之严，鼎镬之威不能使之惧，千言万语不能使之喻，虽圣人亦无如之何也已。圣人知其然也，每养其体面，体其情私，而不使至于无所顾惜。

［译文］

人到无所顾惜的时候，君父的威严也不能使他感到震撼。入锅煎煮这样的酷刑也不能使他感到惧怕。千言万语也不能使他醒悟，即使是圣人也无能为力。圣人明白这个道理，因此时常要保存人的体面，体恤他们的心理，而不使他人陷入无所顾惜的境地。

6.010 人之情有言然而意未必然，有事然而意未必然者，非勉强于事势则束缚于体面。善体人者，要在识其难言之情，而不使其为言与事所苦，此圣人之所以感人心而人乐为之死也。

[译文]

人的感情，有时用语言表达出来，未必就是心里所想的，有时做出来的也未必就是心里所想的，这不是因形势所迫，就是碍于体面。善解人意的人懂得在别人有难言之隐的时候，不会使他被言与行困扰，这就是圣人能够感动人心而人们又乐意为他赴汤蹈火的真谛。

6.011 有二三道义之交，数日别，便想思。以为世俗之念，一别便生；亲厚之情，一别便疏。余曰：君此语甚有趣向，与淫朋狎友滋味迥然不同，但真味未深耳。孔、孟、颜、思，我辈平生何尝一接，只今诵读体认间，如朝夕同堂对语，如家人父子相依，何者？心交神契，千载一时，万里一室也。久之，彼我且无，孰离孰合、孰亲孰疏哉？若相与而善念生，相远而欲心长，即旦暮一生，济得甚事？

[译文]

有几个志同道合的朋友，离别数日，便会相互想念。认为这是世俗的想法，一离别就会产生；深厚的友谊，一离别就会疏远。我说：你们的话很有意思，与那些酒肉朋友大不一样，但真味并不深。孔子、孟子、颜渊、子思，我没有与他们接触过，现在诵读体会他们的著作，就如同朝夕同堂面对面地谈话，如同家人父子相互依存，为什么呢？是因为我与他们心神相交，相距千载也如同在一时代，相距万里也如同身在一处。久而久之，不分彼此，哪还有谁离谁合，谁亲谁疏之别呢！如果在一起而产生善念，远离时而欲心增长，即使是天天在一起，又有什么用呢！

6.012　受病于平日，而归咎于一旦。发源于脏腑，而求效于皮毛。太仓之竭也，责穷于囤底。大厦之倾也，归罪于一霖[①]。

[注释]

①霖：久下不停的雨。

[译文]

患病的根源起于平时，却归咎于一旦。病源于脏腑，而求于皮毛之效。太仓的储粮用尽了，就责难于囤底。大厦倒塌了，就归罪于一场大雨。

物　理

6.013　鸱鸦[①]其本声也如鹊鸠然，第[②]其声可憎，闻者以为不祥，每弹杀之。夫物之飞鸣何尝择地哉？集屋鸣屋，集树鸣树，彼鸣屋者，主人疑之矣，不知其鸣于野树，主何人不祥也？至于犬人行，鼠人言，豕人立，真大异事，然不祥在物，无与于人。即使于人为凶，然亦不过感戾气而呈兆，在物亦莫知所以然耳。盖鬼神爱人，每示人以趋避之几[③]，人能恐惧修省，则可转祸为福。如景公之退孛星，高宗之枯桑谷，妖不胜德，理气必然。然则妖异之呈兆，即蓍龟之告繇，是吾师也，何深恶而痛去之哉？

[注释]

①鸱鸦：猫头鹰。②第：副词，但，只管。③几：征兆。

[译文]

猫头鹰原本也像喜鹊和斑鸠一般会叫，但因为它的叫声难听，听到的人认为那是不祥之兆，常常会射杀它。鸟类鸣叫又怎会选择地点呢！落在屋上就在屋上叫，落在树上就在树上叫，落在屋上叫，主人就怀疑有不祥之兆，不知在野外树上鸣叫的，又代表谁家的不祥呢？至于狗学人走路，鼠学人说话，猪学人两腿站立，真是奇闻异事，然而不祥显露在动物身上，而与人类无关。即使对人类是凶事，也不过是动物感觉到乖戾而表露出来的征兆，作为动物本身也不知是怎么回事。鬼神怜惜人类，每每又向人类显示驱邪避灾的征兆。只要人类能够感到恐惧而努力反省，则可以转祸为福。例如景公没有用祭祀的方法就将彗星可能到来的灾祸消除，殷高宗用仁政修德的方法驱除了桑谷生于朝可能带来的祸患，这是因为妖邪压不住盛德，是事理正气必然的道理。然而妖异呈现的征兆，如同占卜得来的预测，可以看做我们的老师啊！为什么深恶痛绝而非要去之而后快呢？

6.014　春夏秋冬不是四个天，东西南北不是四个地，温凉寒热不是四个气，喜怒哀乐不是四个面。

[译文]

春夏秋冬不是四个天，东西南北也不是四个地，温凉寒热不是一个地方的四种气候，喜怒哀乐也不是一个人的四种面容。

6.015　临池者不必仰观，而日月星辰可知也；闭户者不必游览，而阴晴寒暑可知也。

[译文]

站在水池边的人不必仰观，就可以从水面上看到日月星辰。闭门不出的人不必出去旅游，就可以从气温而得知阴晴寒暑。

6.016　先得天气而生者，本上而末下，人是已。先得地气而生者，本下而末上，草木是已。得气中之质者飞，得质中之气者走，得浑沦磅礴之气质者为山河、为巨体之物，得游散纤细之气质者为蠛蠓蚊蚁蠢动之虫、为苔藓萍蓬藻莀之草。

［译文］

先得到天气而产生的，是本在上末在下的人类。先得到地气而产生的是本在下末在上的草木等植物，得到气中之质的能飞，得到质中之气的能走，得到浑沦磅礴气质的就能成为山川河流和庞然大物，得到游散纤细气质的就能成为蠛蠓蚊蚁蠢动的虫类和苔藓萍藻等植物。

6.017　火不自知其热，冰不自知其寒，鹏不自知其大，蚁不自知其小。相忘于所生也。

［译文］

火不知自己的灼热，冰不知自己的寒冷，鹏鸟不知自己的大，蚂蚁不知自己的小，因为它们忘记了自己的存在。

6.018　大风无声，湍水无浪，烈火无焰，万物无影。

［译文］

风过大就没有声音，水过急时就没有浪花，火过烈时就没有火焰，物过多时就没有形影。

6.019　薰香莸臭[①]，莸固不可有薰也，是多了的不如无臭。无臭，臭之母也。

［注释］

①薰：香草。莸：臭草。

[译文]

香草味香，莸草味臭，莸草不可能有香味，多了些气味不如无味。无味，就是气味的原始味道。

6.020　柳炭松弱无力，见火即尽。榆炭稍强，火稍烈。桑炭强，山栗炭更强。皆逼人而耐久。木死成炭，其性自在。

[译文]

柳木烧的炭松软无力，见火就化为灰烬了。榆木烧的炭稍微强些，火也稍烈。桑木烧的炭强，山栗烧的炭更强。都是火焰逼人而且烧的时间长。木头烧尽变成炭灰，但它的本性还在。

广　喻

6.021　剑长三尺，用在一丝之铦[①]刃。笔长三寸，用在一端之锐毫，其余皆无用之羡物[②]也。虽然，使剑与笔但有其铦者锐者焉，则其用不可施。则知无用者，有用之资；有用者，无用之施。易牙不能无爨子，欧冶不能无砧手，公输[③]不能无钴斲。苟不能无，则与有用者等也，若之何而可以相病也？

[注释]

①铦：锐利。②羡物：多余的之物。③公输：即公输班，又称鲁班。

[译文]

剑长三尺，用的只是一丝宽的利刃。笔长三寸，用的只是一端的锐毫，其余的部分都是无用的多余之物。虽然这样，但如果剑和笔只有利刃和锐毫，则其用途就无法实施。所以，无用的东西，是有用的东西所要凭借的；有用的东西，是靠无用的东西发挥作用的。善于烹调的易牙不能没有辅助他的人，善于铸剑的欧冶子不能没有锻铁工，善于钻木的鲁班不能没有钻手。如果不能缺少，则与有用的东西是同等重要的，为何认为它是多余之物呢？

6.022　着味非至味也，故玄酒[①]为五味先。着色非至色也，故太素为五色主。着象非至象也，故无象为万象母。着力非至力也，故大块[②]载万物而不负。着情非至情也，故太清[③]生万物而不亲。着心非至心也，故圣人应万事而不有。

［注释］

①玄酒：上古祭祀用的水。《礼记·礼运》："故玄酒在室，醴禭在户。"疏："玄酒，谓水也。以其色黑，故谓之玄，而太古无酒，此水当酒所用，故谓之玄酒。"②大块：指大地。③太清：指天空。

［译文］

加调料味并不是真正的味，所以白水为五味之先。上了色并不是真正的颜色，所以无色是五色之先。修饰并不是原来的形象，所以没有形象就是万象之母。用力并不是真正的力，所以大地承载万物而不倾覆。做作之情，并不是真情，所以天生万物而不亲。用心并非真心，所以圣人应对万物如同不用心一样。

6.023　凡病人，面红如赭、发润如油者不治，盖萃一身之元气血脉尽于面目之上也。呜呼！人君富，四海贫，可以惧矣！

［译文］

凡是病人，面如红土、发润如油的就不好治愈了，由于一身的元气血脉完全集中显露于脸上。唉！人君富有，四海贫瘠，真令人感到恐惧啊！

6.024　风之初发于谷也，拔木走石，渐远而减，又远而弱，又远而微，又远而尽，其势然也。使风出谷也，仅能振叶拂毛，即咫尺不能推行矣。京师号令之首也，纪法不可以不振也。

[译文]

风最初从山谷中产生的时候，能够拔起树木和吹走石头，非常强大，渐渐远去后就有所减弱，再远些就更弱，又远些就十分微小，再远就完全消失了，形势就是这样的。如果风出了山谷，仅能振动树叶、吹拂毛发，那么即使是咫尺之间也不能往前推行了。京城是最初发出号令的地方，法律不可没有影响啊！

6.025　背上有物，反顾千万转而不可见也。遂谓人言不可信，若必待自见，则无见时矣。

[译文]

背上如有物，回头怎么也看不到。所以就认为人言是不可信的，倘若必须等到自己亲眼所见才相信，那就不知什么时候可以见到了。

6.026　毫厘之轻，斤钧之所借以为重者也；合勺之微，斛斗之所赖以为多者也；分寸之短，丈尺之所需以为长者也。

[译文]

以毫厘计其重量的非常轻的东西，即使千钧之重的物品也需要凭借它增加重量；以一合一勺计其体积的非常小的东西，即使斛斗之大的物品也要依赖它增加重量；以分寸计其长度的短小的东西，丈尺之长的物品也要依赖它增其长度。

6.027　长戟利于锥而戟不可以为锥，猛虎勇于狸而虎不可以为狸。用小者无取于大，犹用大者无取于小，二者不可以相诮①也。

[注释]

①诮：责备，讥讽。

[译文]

长戟比锥子锋利，但长戟不能用作锥子；猛虎比狸猫凶勇，但不可视猛虎为狸猫。用小的就不能选取大的，正如用大的就不能选取小的，二者不可相互抵制。

6.028　鉴不能自照，尺不能自度，权不能自称，囿[①]于物也。圣人则自照自度自称，成其为鉴为尺为权，而后能妍媸、长短、轻重天下。

[注释]

①囿：局限。

[译文]

镜子不能照到自己，尺子不能丈量自己，秤不能称量自己，这只是物体本身的局限。而圣人则能自己照到自己、丈量自己、称量自己，使其成为镜子、尺子和秤，然后才能辨别天下事物的美丑、长短、轻重。

6.029　苍松古柏与夭桃秾李争妍，重毂鸾镳与冲车猎马争步，岂直不能，亦可丑矣。

[译文]

苍松古柏与桃花和李花比妖艳，卿士所乘系有鸾铃的马车与攻城用的马拉的战车比速度，这岂止是不可能，简直是自己出自己的丑。

6.30　锁钥各有合，合则开，不合则不开。亦有合而不开者，必有所以合而不开之故也。亦有终日开，偶然抵死不开，必有所以偶然不开之故也。万事必有故，应万事必求其故。

[译文]

锁和钥匙各自有不同的组合，组合是一对的就能打开，反之则打不开。也有组合是一对而不能打开的，那么这里面一定有打不开的缘故。也有总是能开，偶尔打不开的，所以一定有不开的缘故。万事都有其原因，应对万事必须求其缘故。

6.31　窗间一纸，能障拔木之风；胸前一瓠，不溺拍天之浪。其所托者然也。

［译文］

窗户间的一张纸，能抵挡拔起大树的风；胸前挂着一个葫芦，就不怕汹涌的波浪。这是有所依托的缘故。

6.032　人有馈一木者，家僮曰："留以为梁。"余曰："木小不堪也。"僮曰："留以为栋。"余曰："木大不宜也。"僮笑曰："木一也，忽病其大，又病其小。"余曰："小子听之：物各有宜用也，言各有攸当也，岂惟木哉！"他日为余生炭满炉烘人，余曰："太多矣。"乃尽湿之，留星星三二点，欲明欲灭。余曰："太少矣。"僮怨曰："火一也，既嫌其多，又嫌其少。"余曰："小子听之：情各有所适也，事各有所量也，岂惟火哉！"

［译文］

有人送来一根木头，家僮说："留着它做房梁吧。"我说："木头太小了不能做房梁。"家僮说："留着做脊檩吧。"我说："木头太大不适合做脊檩。"家僮笑着说："一根木头，你一会儿嫌它小，一会儿嫌它大。"我说："小子听我说，物体各有自身的用途，说话也要适时，岂只是木头是这样！"一天，家僮装了满炉子的炭为我生火，热得烘人，我说："炭太多了。"于是他就用水把炭浇灭，只留三二火星，欲明欲灭，我说："炭太少了。"家僮抱怨说："一个火炉，一会儿嫌炭多，一会儿嫌炭少。"我说："小子听我说，情况有所不同，事物的分量也不同，岂只是火炉是这样！"

6.033　海，投以污秽，投以瓦砾，无所不容；取其宝藏，取其生育，无所不与。广博之量足以纳触忤[①]而不惊，富有之积足以供采取而不竭。圣人者，万物之海也。

［注释］

①忤：违反，抵触。

［译文］

大海，向它投入污秽，向它投入瓦砾，没有什么东西是它容纳不了的；向它索取其中的宝藏，索取其中生长的东西，没有不给与的。它的广博之量足以容纳触犯它的事物而不吃惊，它的富有之积足以供采取而不衰竭。所谓圣人，正是容纳万物的大海。

6.34　镜空而无我相，故照物不爽分毫，若有一丝痕，照人面上便有一丝，若有一点瘢，照人面上便有一点，差不在人面也。心体不虚而应物亦然。故禅家尝教人空诸有[①]，而吾儒惟有喜怒哀乐未发之中，故有发而中节之和[②]。

［注释］

①诸有：万事万物。②吾儒惟有喜怒哀乐未发之中，故有发而中节之和：《中庸》第一章："喜怒哀乐之未发，谓之中；发而皆中节，谓之和。"朱熹注："喜怒哀乐，情也；其未发，则性也。无所偏倚，故谓之中。发皆中节，情之正也，无所乖戾，故谓之和。"

［译文］

镜子空净而没有其他的影像，因此照物毫厘不差，如镜子上有一丝痕迹，照人面上也会有一丝痕迹，如镜子上有一个瘢，照人面上也会有一个点，其原因不在人面上。是因为人的心灵不清静，回应的事物也会这样。因此佛家教育人把万事万物都视为虚无的，而我们儒家讲究将喜怒哀乐藏于未发之中，所以发出之时又有中节之和。

6.035 人未有洗面而不闭目，撮[①]红而不虑手者，此犹爱小体也。人未有过檐滴而不疾走，践泥涂而不揭[②]足者，此直爱衣履耳。七尺之躯顾不如衣履哉？乃沉之滔天情欲之海，拚于焚林暴怒之场，粉身碎体甘心焉而不顾，悲夫！

[注释]

①撮：用手抓取。②揭：高举。

[译文]

人没有洗面时不闭眼睛、抓取红色后不洗手的，这是爱护身体的一小部分。人没有路过滴水的屋檐而不快走的，踩踏在泥路而不抬起脚的，这只是爱护衣服和鞋子而已。七尺之躯难道还不如衣服和鞋子吗？沉溺于滔天情欲之海，拼搏于焚林暴怒之场，即使粉身碎骨也心甘情愿，毫不顾忌，可悲啊！

6.036 左手画圆，右手画方，是可能也。鼻左受香，右受恶；耳左听丝，右听竹；目左视东，右视西，是不可能也。二体且难分，况一念而可分乎？

[译文]

左手画圆，右手画方，这是可能的。左鼻孔闻香，右鼻孔闻臭；左耳听弦乐，右耳听管乐；左眼看东面，右眼看西面，这是不可能的。两个器官尚且不可以分开做不同的事，更何况一心杂念呢？

6.037 掷发于地，虽乌获不能使有声；投核于石，虽童子不能使无声。人岂能使我轻重哉？自轻重耳。

[译文]

把头发扔到地上，即使是乌获那样的勇士也不能使它发出声音；把果核投掷到石头上，即使是小孩子也不能使它没有声音。别人岂能决定我的轻重？只有自己能决定自己的轻重。

6.038　泽、潞[①]之役，余与僚友并肩舆，日莫[②]矣，僚友问舆夫："去潞几何？"曰："五十里。"僚友怃然[③]。少间又问："尚有几何？"曰："四十五里。"如此者数问，而声愈厉，意迫切不可言，甚者怒骂。余少憩车中，既下车，戏之曰："君费力如许，到来与我一般。"僚友笑曰："余口津且竭矣，而咽若火，始信兄讨得便宜多也。"问卜筮者亦然，天下岂有儿不下迫而强自催生之理乎？大抵皆揠苗之见也。

［注释］

①泽、潞：指泽州、潞州。泽州，州治在今山西晋城。潞州，州治在今山西长治。②莫：通"暮"。③怃然：失落的样子。

［译文］

前往泽州、潞州办事的途中，我与同僚乘坐一辆车，天色已晚，同僚问车夫："前面距离潞州还有多远？"车夫说："五十里。"同僚感到茫然。过了一会儿他又问："还有多远？"车夫回答："四十五里。"如此问了数次，而且声音越来越严厉，情绪越来越急不可耐，甚至怒骂车夫。而我则在车中休息。到了目的地下车后，我对同僚开玩笑说："你刚才费了那么多的力气，不还是和我一样到了嘛。"同僚笑着说："我口中的唾液都干了，咽喉火热，才知道老兄你得了不少便宜啊！"为人占卜的人也是这样的，天下哪有孩子不自然出生而强迫催生的道理！大概像拔苗助长那样的见识。

6.039　进香叫佛，某不禁，同僚非之。余怃然曰："王道荆榛而后蹊径多，彼所为诚非善事，而心且福利之，为何可弗禁？所赖者缘是以自戒而不敢为恶也。故岁饥不禁草木之实，待年丰彼自不食矣。善乎孟子之言曰：'君子反经而已矣[①]。'　'而已矣’三字，旨哉妙哉，涵蓄多少趣味！”

［注释］

①君子反经而已矣：出自《孟子·尽心下》。经，常规。

［译文］

对于烧香拜佛的事，我并不禁止，同僚对我有异议。我感慨道：“王道上荆棘丛生无法行走，小路就慢慢多起来。烧香拜佛诚然不是什么好事，而且心中只是为了祈求福与利，那为何不禁止呢？原因是他们自我警惕而不敢做坏事。因此饥荒之年不禁止人们吃草根树皮，等到了丰收之年，自然没有人吃那些东西了。正如孟子所说：‘君子反经而已矣。’是说君子只是为了事物回到常规。‘而已矣’三个字，真是十分奥妙，蕴含了多少趣味啊！”

6.040　日食脍炙者，日见其美，若不可一日无。素食三月，闻肉味只觉其腥矣，今与脍炙人言腥，岂不讶哉？

［译文］

每天吃美食佳肴，而且要求一天比一天高，好像一天都离不开它了。如果吃素食三个月，闻到肉味就会觉得肉腥，然而现在与吃美味佳肴的人谈论肉腥，岂不是很讶异的事情？

6.041　钩吻[①]砒霜也都治病，看是甚么医了。

［注释］

①钩吻：毒草名。

［译文］

钩吻砒霜这样的毒药都能治病，关键是要看医生是否医术高明。

6.042　家家有路到长安，莫辨东西与南北。

［译文］

家家有路通往长安，不需辨别东西南北。

6.043　钟一鸣，而万户千门有耳者莫不入其声，而声非不足。使钟鸣于百里无人之野，无一人闻之，而声非有余。钟非人人分送其声而使之入人，人非取足于钟之声以盈吾耳，此一贯之说也。

[译文]

钟一响，万户千家只要不聋的人都能听到它的声音，声音本身并非有什么不足。假如钟在百里无人的荒野响起，就没有一个人听到，声音本身并非有什么多余。钟声并不是分送入人耳中的，人也并非完全听到钟声，这就是一以贯之的学说。

6.044　未有有其心而无其政者，如渍[①]种之必苗，爇兰之必香。未有无其心而有其政者，如塑人之无语，画鸟之不飞。

[注释]

①渍：浸渍。

[译文]

从来没有有好的用心而没有好的政治的，如同浇灌种子一定会发芽、焚烧兰花一定会有香气那样。从来没有没有好的用心而有好的政治的，如同塑造出来的泥人不会讲话、画出来的鸟不会飞一样。

6.045　某尝与友人论一事，友人曰：“我胸中自有权量。”某曰：“虽妇人孺子，未尝不权量，只怕他大斗小秤。”

[译文]

我曾与友人谈论一件事，友人说：“我心中自有一定的权衡度量。”我说：“即使是妇女和小孩子，也未必没有自己的主张，区别只在这主张的大与小上。”

6.046　齁鼾[1]惊邻，而睡者不闻；垢污满背，而负者不见。

[注释]

①齁鼾：熟睡时的鼻鼾声。

[译文]

睡觉时鼾声惊醒四邻，然而打鼾的人却听不到；背上沾满了污垢，而背着污垢的人却看不见。

6.047　被桐以丝，其声两相借也。道不孤成，功不独立。

[译文]

在桐木上加以丝弦制成琴，琴声是两者相互借用的结果。道义也要有相借的东西才能完善，功绩也要有相借的力量才能完成。

6.048　无涵养之功，一开口动身便露出本象，说不得你有灼见真知。无保养之实，遇外感内伤依旧是病人，说不得你有真传口授。

[译文]

没有涵养的人，在言谈举止中便会露出其本来面目，不能说你有真知灼见。不注重保养的人，遇到外感内伤依旧是病人，不能说你能养生防病。

6.049　磨墨得省身克己之法，膏笔得用人处事之法，写字得经世宰物之法。

[译文]

从磨墨中可获取省身克己的方法，从醮笔中可获取用人处事的方法，从写字中可获取主宰万物的方法。

6.050　或问：士希贤，贤希圣，圣希天[1]，何如？曰：体味之不免有病。士、贤、圣，皆志于天，而分量有大小，造诣有浅深者也。譬之适长安者，皆志于长安，其行有疾迟，有止不止耳。若曰跬步者希百里，百里者希千里，则非也。故造道之等必由贤而后能圣，志之所希则合下便欲与圣人一般。

［注释］

①士希贤，贤希圣，圣希天：出自周敦颐《通书·志学》。原文："圣希天，贤希圣，士希贤。"

［译文］

有人问："读书人渴望达到贤人的境界，贤人渴望达到圣人的境界，圣人渴望达到知天的境界，为什么这样?"我答道："细细体会，这种观点不免有毛病。读书人、贤人、圣人，都渴望达到知天的境界，然而各人的分量有大小，造诣有深浅。比如去长安的人，目的都在于到达长安，但行走的速度有快有慢，有停止和不停止的。如果说，走了半步的人希望走百里，走了百里的人希望走千里，则是错误的。因此修道的等级必然是由贤人到圣人的过程，而心中希望的是现在就和圣人一般境界。"

6.051 言教不如身教之行也，事化不如意化之极也。事化信，信则不劳而教成；意化神，神则不知而俗变。螟蛉[①]语生，言化也；乌孚生，气化也；鳖思生，神化也。

［注释］

①螟蛉：一种绿色小虫。

［译文］

言教不如身教实行得通，事化不如意化运用巧妙。用事实来教化使人相信，相信了不费劲就能教化成功；用意志来教化更为神奇，不知不觉中习俗就发生了改变。螟蛉繁衍，寄居在蜾蠃身上，蜾蠃用言语教化，使螟蛉之子变为蜾蠃；乌孵蛋，这是气化；鳖用意念孵化，这是神化。

6.052　只一条线把紧，要机括提掇得醒，满眼景物都生色，到处鬼神都响应。

［译文］

只要一条线把持得紧，机括提掇灵活，满眼的景物都是生色，到处的神鬼都会响应。

6.053　地以一气嘘万物而使之生，而物之受其气者，早暮不同，则物之性殊也，气无早暮；夭乔不同，物之体殊也，气无夭乔；甘苦不同，物之味殊也，气无甘苦；红白不同，物之色殊也，气无红白；荣悴不同，物之禀遇殊也，气无荣悴。尽吾发育之力，满物各足之分量，顺吾生植之道，听其取足之多寡，如此而已。圣人之治天下也亦然。

［译文］

大地用一气使万物呼吸从而生长发育，然万物接受地气早晚不同，因而万物的本性不同，所接受的地气没有早晚之别；万物有小草和大树这样的区别，是因物体不同，而气没有夭乔之别；万物有甜和苦的区别，是因味道不同，而气没有甜与苦之别；万物有红色有白色，是因颜色不同，而气没有红白之别；万物有繁盛有枯死，是因禀遇不同，而气没有枯荣之别。它只是尽到培育万物的力量，满足万物各自需要的分量，顺应万物生长的规律，听凭万物吸取罢了。圣人治理天下也是这样的道理。

6.054　口塞而鼻气盛，鼻塞而口气盛，鼻口俱塞，腹闷而死。治河者不可不知也。故欲其力大而势急，则塞其旁流；欲其力微而势杀也，则多其支派；欲其蓄积而有用也，则节其急流。

治天下之于民情也亦然。

［译文］

嘴堵住，鼻子呼吸的气息就会加重；鼻子堵住，嘴呼吸的气息就会加重；鼻子和嘴都堵住，就会因胀闷而死。治理河道的人不能不知道这个道理。因此若想河水汹涌澎湃，就要堵住其支流；若想河水流势缓慢，就要增加支流；若想将河水蓄积起来以备后用，就要将其急流截断。治理天下的民情也要这样。

6.055　木钟撞之也有木声，土鼓击之也有土响，未有感而不应者，如何只是怨尤？或曰：亦有感而不应者？曰：以发击鼓，以羽撞钟，何应之有？

［译文］

即使木钟被撞击也会发出木声，土鼓被敲击也会发出土声，没有碰撞而不响的，怎能只是怨天尤人？有人问：也有碰撞了没有声响的吗？回答说：用头发撞击鼓，用羽毛撞击钟，怎会有声响呢！

6.056　四时之气先感万物而万物应，所以应者何也？天地万物一气也。故春感而粪壤气升，雨感而础石先润，磁石动而针转，阳燧[①]映而火生，况有知乎？格天动物只是这个道理。

［注释］

①阳燧：用太阳光取火的凹面镜。

［译文］

四时之气先感应万物而后万物才有回应，为什么会有感应呢？是因天地万物一气形成。因此春气感应而后粪壤之气上升，雨水感应而后础石湿润，磁石转动而后铁针跟着转动，阳光照在凹面镜上会产生火焰，更何况那些有知觉的事物呢！格化上天感动万物就是这个道理。

6.057　器械与其备二之不精，不如精其一之为约。二而精之，万全之虑也。

［译文］

与其准备两种都不精良的器械，不如准备其中一种精良的小心使用。如果两个都是精良的，则万无一失。

6.058　我之子我怜之，邻人之子邻人怜之。非我非邻人之子而转相鬻育，则不死为恩矣。是故公衙不如私舍之坚，驿马不如家骑之肥，不以我有视之也。苟扩其无我之心，则垂永逸者不惮今日之一劳，惟民财与力之可惜耳，奚必我居也？怀一体者当使刍牧之常足，惟造物生命之可悯耳，奚必我乘也？呜呼！天下之有我久矣，不独此一二事也。学者须要打破这藩篱，才成大世界。

［译文］

我的儿子我怜惜，邻居的儿子邻居怜惜。既不是我的儿子也不是邻居的儿子，就会转相卖给别人养育，不死就算是对他的恩惠了。因此，公衙不如私舍坚固，驿马不如家马健壮，因为不属于我。如果扩展大公无私之心，就会永远安逸而不会害怕一日的劳苦，就会珍惜民财民力，又何必把自己的房子建得坚固呢？怀有万物一体思想的人应使所有的牛马都得到满足，怜悯造物主所创造的生命，何必怜惜自己的马呢？唉！天下的人有自私之心已经很久了，不仅仅这两件事而已。学者必须打破这个屏障，才能成就大的事业。

6.059　脍炙之处，蝇飞满几，而太羹[1]玄酒不至。脍炙日增，而欲蝇之集太羹玄酒，虽驱之不至也。脍炙彻而蝇不得不趋于太羹玄酒矣。是故返朴还淳，莫如崇俭而禁其可欲。

［注释］

①太羹：祭祀用的肉汁。

［译文］

放有美味鱼肉的地方，飞满了苍蝇，而在祭祀用的肉汁和水上却没有苍蝇。美味的鱼肉不断地增加，而想要苍蝇转而聚集在肉汁和水上，却怎么驱赶它们也不来。美味的鱼肉撤下了，苍蝇就不得不飞到肉汁和水上。因此返朴还淳，莫过于崇尚俭朴而禁止欲望。

6.060　驼负百钧，蚁负一粒，各尽其力也。象饮数石，鼷[①]饮一勺，各充其量也。君子之用人，不必其效之同，各尽所长而已。

［注释］

①鼷：鼷鼠，鼠类中一种最小的鼠。

［译文］

骆驼背负百钧，蚂蚁背负一粒，是各尽所能罢了。大象饮水数石，鼷鼠饮水一勺，是各尽其量罢了。君子用人，不强调其效果相同，各尽所长也就可以了。

6.061　古人云："声色之于以化民，末也。"这个末，好容易底。近世声色不行，动大声色；大声色不行，动大刑罚；大刑罚才济得一半事，化不化全不暇理会。常言三代之民与礼教习，若有奸宄，然后丽刑[①]。如腹与菽粟偶一失调，治用药饵。后世之民与刑罚习，若德化，不由日积月累，如孔子之"三年"[②]，王者之"必世"[③]，骤使欣然向道，万万不能。譬之刚肠硬腹之人，服大承气汤三五剂始觉，而却以四物君子补之，非不养人，殊与疾悖而反生他症矣。却要在刑政中兼德礼，则德礼可行。所谓兼攻兼补，以攻为补，先攻后补。有宜攻，有宜补，惟在剂量。民情不拂不纵始得。噫！可与良医道。得良医而挠之，与委庸医而听之，其失均。

［注释］

①丽刑：用刑罚惩治。②孔子之“三年”：《论语·子路》：“子曰：苟有用我者，期月而已可也，三年有成。”期月，一年。有成，治功成也。③王者之“必世”：《论语·子路》：“子曰：如有王者，必世而后仁。”朱熹注：“王者谓圣人受命而兴也。三十年为一世。仁，谓教化浃也。”

［译文］

古人说：“用严厉的态度来教化人民，是最不好的方法。”这个方法，好像很容易做到。近世，用一般的态度来教化人民不行，就动用更严厉的态度来教化；动用更严厉的态度还是不行，就动用刑罚；严酷的刑罚只能起到一半的作用，能不能教化人民却全然不顾。常说到夏商周三代的人民习惯以礼教人，若有作奸犯科的事情才用刑罚。如同吃了菽粟偶尔会消化不良，采用药材治疗。后世的人民已经习惯了刑罚，若以道德来教化他们，则不是日积月累的，例如孔子所谓的三年成功，王道三十年起效，而突然使人民欣然向道，是万万不能的。譬如腹硬的人，服用大承气汤三五剂才开始见效，而用四物君子汤进补，非但不养人，而且会背道而驰，产生其他的疾病。要在刑政中兼德礼，这样德礼才能够施行。这就是所谓德兼攻兼补，以攻为补，先攻后补。有的病适合攻，有的病则适合补，关键在于剂量的多少。对待民情不违背、不放纵才适合。唉！可以和良医谈论这个道理。遇到了良医却阻挠他看病，委托给庸医，任凭他怎样治疗，这样做会使病情更糟糕。

6.062　以莫邪授婴儿而使之御虏，以繁弱授蒙瞍而使之中的，其不胜任，授者之罪也。

[译文]

让婴儿用莫邪这样的宝剑抵御敌人，让无知的瞎子用繁弱这样的羽弓射中目标，二者都不能胜任，这是授予他们剑与弓的人的错误。

6.063　齐有南北官道，洿下者里余，雨多行潦[1]，行者不便，则傍西踏人田行。行数日而成路，田家苦之，断以横墙，十步一堵，堵数十焉。行者避墙更西，踏田愈广，数日又成路。田家无计，乃蹲田边，且骂且泣，欲止欲讼，而无如多人何也。或告之曰："墙之所断已成弃地矣，胡不仆墙而使之通，犹得省于墙之更西者乎?"予笑曰："更有奇法，以筑墙之土垫道，则道平矣。道平，人皆由道，又不省于道之西者乎，安用墙为?"越数日道成，而道旁无一人迹矣。

[注释]

①行潦：路中积水。

[译文]

胶东有条南北向的大道，其中有一里多的路比较低洼，一旦下雨路上就会积水，行路者就不方便行路，就向西从田地里走。走的日子多了就形成了一条路，田地的主人十分苦恼，就在此筑墙以挡住行人从此经过，十步一堵墙，共修筑了数十堵。行路的人就避开墙再往西踏着田地走，数日后又走出了一条路。田家没有办法，就蹲在田边，一边骂一边哭，一边阻止行人，一边要去告状，而对无数的路人又无可奈何。有人对他说："墙堵住的地方已经无用了，你何不把墙推倒让人走呢?"我笑着说："有更好的方法，用筑墙的土铺路，则道路会更平坦。道路平坦了，人们就都由此通过，而西边的田地就能节省出来，还用得着筑墙吗?"过了数日，道路修好了，道旁再无一人行走。

6.064　君子之教人也，能妙夫因材之术，不能变其各具之质。譬之地然，发育万物者，其性也。草得之而为柔，木得之而为刚，不能使草之为木，而木之为草也。是故君子以人治人，不以我治人。

［译文］

君子教育人，妙在能因材施教，不会改变各人的本质。就像地一样，养育万物，这是它的本性。草长在地上就柔软，树木长在地上就牢固，不能使草像树一样，树像草一样。因此，君子因材施教，不以自己的特性来教化别人。

6.065　羊肠之隘，前车覆而后车协力，非以厚之也。前车当关，后车停驾，匪惟同缓急，亦且共利害。为人也，而实自为也。呜呼！士君子共事而忘人之急，无乃所以自孤也夫！

［译文］

走在羊肠小道上，前面的车翻了，后面的车就帮它扶起来，这并非两者关系密切。前面的车挡住了路，后面的车无法前行，不只是影响缓急，也是利害相同。为别人，其实也是为自己。唉！士君子与人共事而忘了别人的难处，这也是自我孤立的做法啊！

6.066　石不入水者，坚也；磁不入水者，密也。人身内坚而外密，何外感之能入？物有一隙，水即入一隙；物虚一寸，水即入一寸。

［译文］

石头中进不去水，是因为它坚硬；瓷器中进不去水，是因为它紧密。倘若人的身体内部健康，外部加以保护，还有什么外感能进入体内呢！物体有一个缝隙，水便会从缝隙中进入；物体虚弱一寸，水就会侵入一寸。

6.067　颈檠一首，足荷七尺，终身由之而不觉其重，固有之也。使他人之首枕我肩，他人之身在我足，则不胜其重矣。

［译文］

颈项支撑着头，双脚支撑着七尺身躯，终身如此也不觉得重，这是天生固有的原因。如果他人的头枕在我的肩上，他人的身体放在我的脚上，则会不堪重负。

6.068　不怕炊不熟，只恐断了火。火不断时，炼金煮砂可使为水作泥。而今冷灶清锅，却恁空忙作甚？

［译文］

不怕煮饭煮不熟，只愁断了火。火不断时，金子可以炼成水，砂石可以化为泥。而如今冷灶清锅，还那么忙着做什么呢？

6.069　一人入饼肆，问饼值几何，馆人曰："饼一钱一枚。"食数饼矣，钱如数与之。馆人曰："饼不用面乎？应面钱若干。"食者曰："是也。"与之。又曰："不用薪水乎？应薪水钱若干。"食者曰："是也。"与之。又曰："不用人工为之乎？应人工钱若干。"食者曰："是也。"与之。归而思于路曰："吾愚也哉！出此三色钱，不应又有饼钱矣。"

［译文］

一个人到饼店，问一个饼要多少钱，店主说："一个饼一钱。"此人吃了几个饼后，将饼钱如数交给店主。店主说："做饼不用面吗？还应付面钱若干。"吃饼的人说："是啊。"把面钱付了。店主又说："做饼不用柴火和水吗？还应付柴火和水钱若干。"吃饼的人说："是啊。"又把薪、水钱付了。店主又说："做饼不用人工吗？

还应付工钱若干。”吃饼的人说：“是啊。”又把工钱付了。在回去的路上吃饼的人琢磨道：“我真愚蠢啊！付了三样钱，就不应再付饼钱了。”

6.070　以佳儿易一跛子，子之父母不从，非不辨美恶也，各有所爱也。

［译文］

用一个聪明健康的孩子换一个瘸了脚的孩子，后者的父母一定不会愿意，并非他们不分好坏，而是各人爱各人的孩子。

6.071　发去木一段，作神椟一、镜台一、脚桶一。锡五斤，造香炉一、酒壶一、溺器一。此造物之象也。一段之木，五斤之锡，初无贵贱荣辱之等，赋畀之初无心，而成形之后各殊。造物者亦不知，莫之为而为耳。木，造物之不还者，贫贱忧戚当安于有生之初；锡，造物之循环者，富贵福泽莫恃为固有之物。

［译文］

用一段木头，制作了一个神柜、一个镜台、一个脚盆。用五斤锡，制作了一个香炉、一把酒壶、一个便桶。这是制作东西的现象。一段木头，五斤锡，本来没有贵贱荣辱，做成物品之前也没有什么样子，而成形之后就各不相同了，制作者也不知其中的缘故，只是无为而无不为的道理罢了。用木头制作的东西就不能恢复到原来的样子，那么就会为自己的贫贱而忧戚，应当安于有生之初的样子；用锡制作的物品还可以熔化后再制作别的物品，那么对于富贵福泽，就不要把它当成永恒不变的。

6.072　某尝入一富室，见四海奇珍山积，曰：“某物余取诸蜀，某物予取诸越，不远数千里，积数十年以有今日。”谓余："公有此否？"曰："余性无所嗜，设有所嗜，则百物无足而至前。"问："何以得此？"曰："我只是积钱。"

[译文]

我曾经到一位富人的家里，看到四海的奇珍异宝堆积如山，富人对我说："某物我取自于蜀国，某物我取自于越国，不远数千里，积累了数十年才有今日。"问我："你有这些东西吗？"我说："我天性没有什么嗜好，就算有嗜好，那么百物没有脚也会来到我的面前。"富人问："你是怎样得到的呢？"我说："我只是积累钱财罢了。"

6.073　弄潮于万层波面，进步于百尺竿头。

[译文]

弄潮于万层波面，方见英雄本色；进步于百尺竿头，才显鹤立鸡群。

6.074　人之手无异于己之手也，腋肋足底，己摸之不痒，而人摸之则痒。补之齿不大于己之齿也，己之齿不觉塞，而补之齿觉塞。

[译文]

别人的手和自己的手没有什么不同，腋肋足底，自己摸不痒，别人摸则会感觉痒。补的牙齿并不比自己的牙齿大，自己的牙齿不觉得堵塞，而补的牙齿则会感到堵塞。

6.075　四脚平稳，不须又加揹[1]垫。

[注释]

①揹：支撑。

[译文]

四角平稳，就不须再加垫子。

6.076　只见倒了墙，几曾见倒了地。

[译文]

只见倒了墙的，哪里曾见过倒了地的。

6.077　无垢了浴面，拭之以巾，既而洗足，仍以其巾拭之。弟子曰："舛矣，先生之用物也，即不为物分清浊，岂不为身分贵贱乎？"无垢子曰："嘻！汝何太分别也。足未濯时，面洁于足；足既濯时，何殊于面？面若不浴，面同于足，洁足污面，孰贵孰贱？"余谓弟子曰："此禅宗也。"分别与不分别，此孔、释之所以殊也。

[译文]

无垢子洗脸后用毛巾擦脸，而后洗脚，又用同一条毛巾擦脚。他的弟子说："哎呀！您用的东西，即使不区分物品的干净与污浊，难道身体各部位的贵贱也区分不开吗？"无垢子说："嘻！你何必太区分呢。脚没有洗时，脸比脚干净；脚洗了之后，还与脸有什么区别呢？脸如果不洗同脚一样，干净的脚和污浊的面，谁贵谁贱呢？"我对弟子说："这就是禅宗啊！"区别与不区别，这就是儒家与佛家不同的地方啊。

6.078　两家比舍①而居，南邻墙颓，北邻为之涂丹垩②而南邻不归德；南邻失火，北邻为之焦头烂额而南邻不谢劳。

[注释]

①比舍：房子之间紧挨着。②丹垩：红漆白土。

[译文]

两家的房子紧紧地挨着，南邻的墙倒了，北邻为他修补好，而南邻并不感谢他；南邻家中失火，北邻为他救火焦头烂额，而南邻并不感谢他。

6.079　喜者大笑，而怒者亦大笑；哀者痛哭，而乐者亦痛哭；欢畅者歌，而忧思者亦歌；逃亡者走，而追逐者亦走。岂可以形论心哉？

［译文］

开心的人大笑，而恼怒的人也大笑；悲哀的人痛哭，而快乐的人也痛哭；欢畅的人歌唱，而忧思的人也歌唱；逃亡的人跑，而追逐的人也跑。岂能用外在的形态来判断内在的心情？

6.080　二商渡江，俱挟重资，舟满载重而不已也。中流遇风，舟子曰："须减舟中之十二，始无恐。不然，不沉则覆。"一商曰："我奇货可惜，无可弃者。"一商从之，得达岸，一商竟溺焉，人货俱丧。其达岸者悔曰："可惜，减我千金。"怨舟子。舟子曰："不见某乎？"曰："彼命当死，减亦当死；我命不当死，不减亦不死。"乃向舟子索偿。

［译文］

两个商人一起渡江，都携带有沉重的货物，船装超载了仍然装载货物而不停止。船行到中流遇上风暴，船家说："必须减轻船上货物的十分之二，才没有危险。否则不是沉没就是倾覆。"其中一个商人说："我的货物很珍贵，没有可以抛弃的。"另一个商人则听从船家的话，抛弃了部分货物，才得以安全到达对岸。而坚持不抛弃货物的商人最后沉没于水中，人与货物都没有了。那个到达对岸的商人反悔道："可惜啊，损失了我千金之货。"埋怨起船家。船家说："难道你没有看到另一个商人的下场吗？"商人回应说："他命该死，即使减轻了货物也会淹死；而我则命不该绝，即使不减轻货物也不会淹死。"于是向船家索赔。

6.081　抱得不哭孩儿易，抱得孩儿不哭难。

［译文］

抱着不哭的小孩容易，抱着小孩不哭就难了。

6.082　疥癣虽小疾，只不染在身上就好。一到身上，难说是无病底人。

［译文］

疥癣虽然是小病，只要不感染到身上就好。一旦感染到身上，难说是无病的人。

词　章

6.083　六经之文不相师也，而后世不敢轩轾[①]。后之为文者，吾惑矣。拟韩临柳[②]，效马学班[③]，代相祖述，窃其糟粕，谬矣。夫文以载道也，苟文足以明道，谓吾之文为六经可也。何也？与六经不相叛也。否则发明申、韩之学术，饰以六经之文法，有道君子以之覆瓿[④]矣。

［注释］

①轩轾：高低，轻重。②拟韩临柳：韩指韩愈，柳指柳宗元，都是唐代古文大家。③效马学班：马指司马迁，西汉史学家，《史记》作者。班指班固，东汉史学家，《汉书》作者。④瓿：小瓮。

［译文］

六经的内容并不是互相效仿的，因而后世不敢评论其高低。对后世做学问的人，我感到迷惑。他们临摹韩愈、柳宗元，效法司马迁、班固，代代模仿前人，沿袭其糟粕，这种做法是错误的。文章是用来体现道理的，如果文章表明道理，可称之为六经。为什么呢？因为它没有违背六经。否则即便有申不害、韩非那样的学术思想，而用六经的文法加以修饰，这样的文章，有道的君子不屑一顾，拿来覆盖瓮罐等器皿还可以。

6.084　一先达为文，示予令改之，予谦让，先达曰："某不护短，即令公笑我，只是一人笑，若为我回护，是令天下笑也。"予极服其诚，又服其智。嗟夫！恶一人面指，而安受天下之背笑者，岂独文哉！岂独一二人哉！观此可以悟矣。

［译文］

一位前辈做好了文章，交给我帮他修改，我谦让，前辈说："我不护短，即使你笑我，我也只是被一人笑话，倘若你帮我护短，就是让我被天下人笑话了。"我十分钦佩他的诚恳，也佩服他的智慧。唉！厌恶一个人当面批评，而安心承受天下人在背后嘲笑，岂止文章是这样！这样的人岂止一两个呢！由此可以领悟出这个道理。

6.085　古今载籍之言，率有七种：一曰天分语，身为道铸，心是理成，自然而然，毫无所为，生知安行之圣人。二曰性分语，理所当然，职所当尽，务满分量，毙而后已，学知利行之圣人。三曰是非语，为善者为君子，为恶者为小人，以劝贤者。四曰利害语，"作善降之百祥，作不善降之百殃"[1]，以策众人。五曰权变语，托词画策以应务。六曰威令语，五刑[2]以防淫。七曰无奈语，五兵[3]以禁乱。此语之外，皆乱道之谈也。学者之所务辨也。

［注释］

①"作善降之百祥，作不善降之百殃"：出自《尚书·伊训》。②五刑：五种刑罚，所指不一。一说为墨、劓、刵、宫、大辟；一说为死、流、徒、

杖、笞。③五兵：五种兵器，如车兵的武器戈、殳、戟、酋矛、夷矛，步卒的武器矛、戟、弓、剑、戈。也泛指兵力、军队。

[译文]

古今书籍所记载的语言，大概可分为七种：一是天分语。这种言论的作者，身心向道向理，自然而然，毫无造作之为，是生知安行的圣人。二是性分语，这种言论的作者，做理所当然的事，尽应尽的职责，尽最大的努力，死而后已，是学知利行的圣人。三是是非语，这种言论的作者，认为行善的人为君子，作恶的人为小人，以此劝诫贤人。四是利害语，这种言论的作者，认为行善会带来吉祥，作恶会带来灾祸，以此鞭策众人。五是权变语。这种言论的作者，用各种借口策划各种谋略以应对事务。六是威令语，这种言论如同用五刑来防止违法的行为。七是无奈语，这种言论如同用五兵禁止动乱。这几种言论之外的，都是混乱世道的言论。学者要对此加以辨别。

6.086　愁红怨绿是儿女语，对白抽黄[1]是骚墨语，叹老嗟卑是寒酸语，慕膻附腥是乞丐语。

[注释]

①对白抽黄：指诗赋的对仗手法。

[译文]

愁红怨绿是表达儿女情长的语言，对白抽黄是文人墨客的语言，叹老嗟卑是寒酸的语言，慕膻附腥是乞丐的语言。

6.087　艰语深辞，险句怪字，文章之妖而道之贼也，后学之殃而木之灾也。路本平而山溪之，日月本明而云雾之，无异理有异言，无深情有深语，是人不诛而是书不焚，有世教之责者之罪也。若曰其人学博而识深，意奥而语奇，然则孔孟之言，浅鄙甚矣。

［译文］

冷僻的言辞，幽怪的语句，就是文章中的妖怪、道理的奸贼，会殃祸后生学子和雕版印书。路本来是平坦的，而有山溪阻挡；日月本来是明朗的，而有云雾遮挡；没有特殊的道理而用怪异的语言来表达；没有深厚的情谊而用深奥的语言来表达，这样的人不加以劝诫，这样的书不加以禁止，是教化众人之人的责任。如果说这种人学识渊博，意蕴深奥，言语新奇，那么孔子和孟子的言辞，岂不显得浅陋了？

6.088　圣人不作无用文章，其论道则为有德之言，其论事则为有见之言，其叙述歌咏则为有益世教之言。

［译文］

圣人不做无用的文章，他的文章谈论道理则为德行的言论，谈论实事则为有见解的言论，创作诗赋则为有益教化世人的言论。

6.089　圣人作经，有指时物者，有指时事者，有指方事者，有论心事者，当时精意与身往矣。话言所遗，不能写心之十一，而儒者以后世之事物、一己之意见度之，不得则强为训诂。呜呼！汉宋诸儒不生，则先圣经旨后世诚不得十一，然以牵合附会而失其自然之旨者亦不少也。

［译文］

圣人创作经书，有指时物的，有指时事的，有指一方面的事情的，有表达思想感情的，当时他们将全神贯注地写作与身体力行相结合。他们言辞中所留下来的思想，连十分之一都不到，然而儒者则以后世的事物和一己之意揣测圣人，有异议的地方则勉强地解释，以便符合自己的意图。唉！如果没有汉宋诸多儒生，那么先圣经学的意旨，后人诚然得不到十分之一，然而那些牵合附会而失去先圣经学原来要旨的地方也是不少的。

6.090　圣人垂世则为持衡之言，救世则有偏重之言。持衡之言，达之天下万世者也，可以示极。偏重之言，因事因人者也，可以矫枉。而不善读书者每以偏重之言垂训，乱道也夫！诬圣也夫！

[译文]

圣人教化世俗的是永恒的言论，挽救世道的是有所侧重的言论。永恒持久的言论，流传天下万世，可以作为永久的准则。有所侧重的言论，因事因人不同，可以矫枉过正。但不善于读书的人每每把那些有所侧重的言论当做永恒的准则来训诫后人，这样做是混乱世道、诬蔑圣人！

6.091　自孔子时，便说史不阙文[①]，又曰文胜质则史[②]，把史字就作了一伪字看。如今读史，只看他治乱兴亡足为法戒，至于是真是伪，总是除外底。譬之听戏文一般，何须问他真假，只是足为感创，便于风化有关。但有一桩可恨处，只缘当真看，把伪底当真；只缘当伪看，又把真底当伪。这里便宜了多少小人，亏枉了多少君子。

[注释]

①史不阙文：《论语·卫灵公》："吾犹及史之阙文也，有马者借人乘之，今亡矣夫。"阙，缺少。②文胜质则史：《论语·雍也》："子曰：质胜文则野，文胜质则史，文质彬彬，然后君子。"质，本质，实际。

[译文]

自从孔子的时代，就说历史不缺乏文辞，又说文辞胜过本质就不真实了，把"史"字视作"伪"字。如今读史书，只看它治乱兴亡足以为后世借鉴，至于是真是假，总是不在意的。如同听戏一样，何须问它的真伪，只要足以使人感动，有助于风化即可。但遗憾的是，只因把它当真的看，可能把假的也当真的；只因把它当假的看，可能把真的也当假的。这样做便宜了多少小人，冤枉了多少君子。

6.092　文章有八要：简、切、明、尽、正、大、温、雅。不简则失之繁冗，不切则失之浮泛，不明则失之含糊，不尽则失之疏遗，不正则理不足以服人，不大则失冠冕之体，不温则暴厉刻削，不雅则鄙陋浅俗。庙堂文要有天覆地载，山林文要有仙风道骨，征伐文要有吞象食牛，奏对文要有忠肝义胆。诸如此类，可以例求。

［**译文**］

创作文章有八个要点：简、切、明、尽、正、大、温、雅。不简约则失之繁冗，不确切则失之浮泛，不明确则失之含糊，不穷尽则失之疏遗，不端正则理不足以服人，不广阔则失冠冕之体，不温和则暴戾刻削，不文雅则鄙陋浅俗。朝堂上的文章要有天覆地载的心胸，隐逸的文章要有仙风道骨的气息，征伐的文章要有吞象食牛的气魄，奏对的文章要有忠肝义胆的气节。诸如此类的文章，可以类推。

6.093　《太玄》，虽终身不看亦可。

［**译文**］

扬雄的《太玄》，即使终身不看也可以。

6.094　自乡举里选之法废，而后世率尚词章，唐以诗赋求真才，更为可叹，宋以经义取士，而我朝因之。夫取士以文，已为言举人矣。然犹曰：言，心声也，因文可得其心，因心可知其人。其文爽亮者，其心必光明，而察其粗浅之病。其文劲直者，其人必刚方，而察其豪悍之病。其文藻丽者，其人必文采，而察其靡曼之病。其文庄重者，其人必端严，而察其寥落之病。其文飘逸者，其人必流动，而察其浮薄之病。其文典雅者，其人必质实，而察其朴钝之病。其文雄畅者，其人必挥霍，而察其跅弛之病。其文温润者，其人必和顺，而察其巽软之病。其文简洁者，其人必修谨，而察其拘挛之病。其文深沉者，其人必精细，而察其阴险之病。其文冲淡者，其人必恬雅，而察其懒散之病。其文变化者，其人必圆通，而察其机械之病。其文奇巧者，其人必聪明，而察其怪诞之病。其文苍老者，其人必不俗，而察其迂腐之病。有文之长而无文之病，则其人可知矣。文即未纯，必不可弃。今也但取其文而已，见欲深邃，调欲新脱，意欲奇特，句短饤饾，锻炼欲工，态度欲俏，粉黛欲浓，面皮欲厚。是以业举之家弃理而工辞，忘我而徇世。剽窃凑泊全无自己神情，口语笔端迎合主司好尚。沿习之调既成，本然之天不露。而校文者亦迷于世调，取其文而忘其人。何异暗摸而辨苍黄，隔壁而察妍媸？欲得真才，岂不难哉？隆庆戊辰，永城胡君格诚登第，三场文字皆涂抹过多。西安郑给谏大经所取士也，人皆笑之。后余阅其卷，乃叹曰：涂抹即尽，弃掷不能，何者？其荒疏狂诞绳之以举业，自当落第，而一般雄伟器度、爽朗精神、英英然一世豪杰，如对其面，其人之可收自在文章之外耳。胡君不羁之才，难挫之气，吞牛食象，倒海冲山，司理常州，佐海刚峰多所调停，自非寻常庸众人。惜也！以不合世调，竟使沉沦。余因拈出，以为取士者不专在数篇工拙，当得之牝牡骊黄之外也。

[译文]

自从推举贤能的方法废除之后，而后世大都崇尚文章，唐代以诗赋选取真正的人才，更是令人感叹，宋代以经义选取士人，而我朝因袭这种方法。以文章选取士人，已经是以言语来选举人才了。然而还可以说：言代表人的心声，以他的文章可以揣测他的心声，以他的心声可以了解其人。文章爽亮的人，其内心必定光明磊落，而须考察他是否有粗浅的毛病。文章劲直的人，其人必定刚直方正，而须考察他是否有豪悍的毛病。文章藻丽的人，其人必定满腹文采，而须考察他是否有靡曼的毛病。文章庄重的人，其人必定端庄严谨，而须考察他是否有寥落的毛病。文章飘逸的人，其人必定灵活机动，而须考察他是否有浮薄的毛病。文章典雅的人，其人必定质朴实在，而须考察他是否有朴钝的毛病。文章雄畅的人，其人必定挥霍无度，而须考察他是否有放荡不羁的毛病。文章温润的人，其人必定和顺，而须考察他是否有软弱的毛病。文章简洁的人，其人必定十分谨慎，而须考察他是否有拘束的毛病。文章深沉的人，其人必定精细，而须考察他是否有阴险的毛病。文章冲淡的人，其人必定恬静文雅，而须考察他是否有懒散的毛病。文章富于变化的人，其人必定圆滑，而须考察他是否有伪诈的毛病。文章奇巧的人，其人必定聪明，而须考察他是否有怪诞的毛病。文章苍老的人，其人必定不俗，而须考察他是否有迂腐的毛病。如果他的文章有以上所述的长处，而没有以上所述的毛病，那么其人的品质可以知道了。如果文章没有达到这种水准，也不能舍弃人才。现在人们认为，文章的见解应该深邃，格调应该清新洒脱，意境应该别具一格，字句应该推敲把玩，实际上做作得愈是工巧，情态装得愈是媚俏，粉饰得愈是浓艳，脸皮也就会愈厚。因此从事科举考试的人放弃了对道理的追求而学习，而致力于把文辞修饰得更工巧，忘却了自己的价值，而追随世俗的陋习。东抄西抄，七拼八凑，牵强附会，完全没有自己的风格和见解，口头和笔头都是为了迎合上司的欢喜和爱好。这样沿循效仿形成了一种规律，而把自己的纯真掩盖下去，而审读文章的人也为世俗所迷惑，只看到了一篇文章而不去看那个人本身，这又与在黑暗中凭借手摸辨别颜色，隔着墙来辨别美丑那样愚昧的方法有什么区别呢？用这样的方法来寻得有真才实学的人，岂不是太困难了吗？隆庆戊辰（1568），永城胡格诚参加科举考试，三场考试的试卷都是涂抹过多，结果被西安郑大经给谏（皇帝左右侍从）选取为进士。人们都感到这件事可笑。后来我看到了那张卷子，不禁叹息道："像这样胡涂乱抹的文章，为什么竟然没有被丢弃呢？胡格诚荒疏狂诞，竟然以此来参加科举考试，本来应该落选，然而在他的文章中却有一种雄伟大度、爽朗蓬勃的气概，简直像一代的英雄豪杰出现在面前，这个人之所以能被录取，是出于文章以外的原因。胡格诚不为世俗所拘的才华，难以挫败的锐气，吞牛食象、倒海翻江的气概，后任常州司理，协助海瑞协调治理，多所贡献，果然不是平常的庸人能够相比的。可惜啊！人们以他不合乎世俗的格调，竟使他遭到沉沦淹蹇。"我由此认识到，选取人才并不在于几篇文章的工巧或者笨拙上面，而应该透过表面现象看到其本质的东西。

6.095　《左传》《国语》《战国策》，春秋之时文也，未尝见春秋时人学三代。《史记》《汉书》，西汉之时文也，未尝见班、马学《国》《左》。今之时文安知非后世之古文，而不拟《国》《左》则拟《史》《汉》，陋矣，人之弃己而袭人也。六经[①]、四书[②]，三代以上之古文也，而不拟者何？习见也。甚矣，人之厌常而喜异也。余以为文贵理胜，得理何古何今？苟理不如人而摹仿于句字之间，以希博洽之誉，有识者耻之。

[注释]

①六经：指《诗经》《尚书》《礼记》《乐经》《周易》《春秋》六部儒家经典。《庄子·天运》："（孔）丘治《诗》《书》《礼》《乐》《易》《春秋》六

经，自以为久矣。”②四书：《大学》《中庸》《论语》《孟子》的合称，宋代升《孟子》为经，又以《礼记》的《大学》《中庸》两篇，合《论语》为四书，朱熹撰《四书章句集注》，始立四书之名。此后成为科举考试的基本经典。

［译文］

《左传》《国语》《战国策》是春秋时期的著作，不曾见春秋时期的人学习三代时的文风。《史记》《汉书》是西汉时期的著作，不曾见班固、司马迁学习《国语》《左传》的文风。当今的时文怎知不会变成后世的古文呢？然而如今不是模拟《国语》《左传》，就是模拟《史记》《汉书》的文风，多么鄙陋啊！抛弃了自己的特色而去因袭别人的东西。六经、四书是夏商周三代经典的古文，为何人们不模拟他们呢？是因经常看到的缘故。更严重的是人们厌常喜异的习惯。我认为文章贵在以理取胜，阐明了道理又何必在乎是古是今呢！如果道理讲得不如别人清楚，而一味地模仿别人的字句，以此得到博学通达的美名，有见识的人认为这是可耻的。

6.096　正大光明，透彻简易，如天地之为形，如日月之垂象，足以开物成务[①]，足以济世安民，达于天下，万世而无弊，此谓天言。平易明白，切近精实。出于吾口，而当于天下之心；载之典籍，而裨于古人之道，是谓人言。艰深幽僻，吊诡探奇。不自句读，不能通其文，通则无分毫会心之理趣；不考音韵，不能识其字，识则皆常行日用之形声，是谓鬼言。鬼言者，道之贼也，木之孽也，经生学士之殃也。然而世人崇尚之者何？逃之怪异，足以文凡陋之笔，见其怪异，易以骇肤浅之目，此光明平易、大雅君子为之汗颜泚颡[②]，而彼方以为得意者也，哀哉！

［注释］

①开物成务：《周易·系辞上传》：“夫《易》开物成务，冒天下之道，

如斯而已者也。”孔颖达疏：“言《易》能开万物之志，成就天下之务。”②泚颡：额上出汗。《孟子·滕文公上》：“其颡有泚。”

［译文］

正大光明，透彻简易，就像天地万物的形形色色，就像太阳月亮的交替运行，可以成就事业，可以济世安民，运用于天下四方，千秋万世而没有弊端，这就叫做天言。平易明白，切实精当，从我的口中说出来，切合天下之人的心理；记载于典籍之中，有裨于古圣先贤的治世之道，这就叫做人言。晦涩难懂，怪异离奇，如果自己不加以句读讲解，别人就不能通晓其文章，即便通晓了，也没有丝毫有会于心的理趣；如果不去考究其音韵训诂，别人就难以辨识其文字，一旦认识了，才发现不过是日常所用的形声字罢了，这就叫做鬼言。鬼言，是道义的叛贼，是树木的有害枝叶，是儒生学士的祸害。然而，世上却有很多人崇尚鬼言，这是为什么呢？因为运用怪异的风格为文，可以使拙劣的文字得到修饰；而看到这种怪异之文，又容易震骇那些学识肤浅的读者的眼目。这种做法，是光明磊落、平实简易而又识见高雅的正人君子感动羞愧汗颜而不屑为之的，可是有些人却因此而得意非凡，真是令人感到悲哀啊！

附 录

呻吟语序

呻吟，病声也。呻吟语，病时疾痛语也。病中疾痛，惟病者知，难与他人道；亦惟病时觉，既愈，旋复忘也。予小子生而昏弱善病，病时呻吟，辄志所苦以自恨。曰："慎疾，无复病。"已而弗慎，又复病，辄又志之。盖世病备经，不可胜志，一病数经，竟不能惩。语曰："三折肱，成良医。"予乃九折臂矣。沉痼年年，呻吟犹昨。嗟嗟！多病无完身，久病无完气。余奄奄视息而人也哉！

三十年来，所志《呻吟语》，凡若干卷，携以自药。司农大夫刘景泽，摄心缮性，平生无所呻吟，予甚爱之。顷共事雁门，各谈所苦。予出《呻吟语》示景泽，景泽曰："吾亦有所呻吟，而未之志也。吾人之病，大都相同。子既志之矣，盍以公人？盖三益焉：医病者见子呻吟，起将死病；同病者见子呻吟，医各有病；未病者见子呻吟，谨未然病。是子以一身示惩于天下，而所寿者众也。即子不愈，能以愈人，不既多乎？"予矍然曰："病语狂，又以其狂者，惑人闻听，可乎？"因择其狂而未甚者存之。呜呼！使予视息苟存，当求三年艾，健此余生，何敢以沉痼自弃？景泽，景泽，其尚医余也夫！

万历癸巳三月抱独居士宁陵吕坤书

呻吟语摘序

尝读孟子曰：“人恒过然后能改，困于心、衡于虑而后作，徵于色、发于声而后喻。”说者谓中人之性，非也。岂以圣贤必无过乎？成汤惟有惭德，曰恐来世以贻为口实，汤之作喻也，而生于惭。孔子曰：“邱也，幸苟有过，人必知之。”孔子之作喻也，而生于过。中丞新吾吕公，故有《呻吟语》。呻吟，中丞之作喻所由生也。曰呻吟，寓言也。言虽寓而道亦寓，峻极于天地开辟混沌之变，小人于早莫夭乔甘苦红白荣悴之殊，精彻于太一形化气化之祖，粗及于吹拂淋漓严凝流漓燔灼之迹。上明尧舜周孔精一一贯之奥，下辟佛老杨墨庄列申韩支离之书，远稽古先二帝三王风物之淳，近著叔季徂诈争竞之伪，细分居敬主静理欲善恶之关，显设礼乐刑法功业之途，鸿纤并陈，源流具论，详哉乎！言之矣。

近儒谭学者，标其赤志，曰主敬，曰致良知，曰随处体认天理。呻吟，未尝不语敬，而曰执事敬；未尝不语良知，而曰从亲长致良知；未尝不语天理，而曰于人事上存天理。啜糟粕者孰与酞醇之旨，而谓酞醇不酿于糟粕不可；肥肤革者孰与神气之王，而谓神气不宅于肤革不可。夫妇之愚，可以与知良知也，及其至，虽圣人亦有所不知焉。圣而不可知之神也，而谓不可知不出于夫妇之与知不可。夫妇之不肖，可以能行良能也，及其至，虽圣人亦有所不能焉。中庸不可能也，而谓不可能不出于夫妇之与能不可。此呻吟之大都也。

世方索隐行怪，吾夫子语中庸；世方归杨墨、悦乡愿，孟子语君父反经；世方佞佛，昌黎语原道；世方习元同、尚禅那，呻吟语纲常事物。呻吟，非徒自作自喻，将以激浊立懦，启迷导误，作人之作，喻人之喻，以偕之大道。辟之长桑之禁方，阳庆之奇咳，无独长生医起死人而肉白骨也。

子章事公晋阳，公冰蘖自规，取与慎一介而兼怀万汇，靡所畛域。问民疾苦膏肓，泣若下车，任若内沟，丑不若古人而哀不已若者，必欲维之以身，登之于岸，卧之衽席而后已。程伯子曰："医书以手足痿痹为不仁，仁者浑然与天地万物为一体。"知伯子之痿痹，则知公之呻吟矣。子章乃原公呻吟作喻之机，推公呻吟宇宙之志，而概之曰：公之自病也，病道之弗明弗行，而其病天下也，病吾之疲癃颠连而无告者也，奈之何不呻以吟也。

万历二十年壬辰秋后学郭子章顿首拜撰

呻吟语摘跋

家君之为《呻吟语》也，历寒暑五十余禩矣。无论燕居独处，即堂署纷挐之际，轮蹄驰骤之顷，着疴床笫之余，中夜梦醒之会，遇有心得语，辄录记之，楮册不备，则壁间牖下，书面门屏，金屑玉粒，不一而足。畏有见，随录而集之，亦有偶得，未及书而后乃遗忘者，或偶书未及录而竟难寻觅者，今以所集若干分类而续于《呻吟语》各款之后，人多未见。畏欲续寿梨枣，家君曰："是书之刻也，板先不一，传之颇广，第选择弗精，校雠弗慎，终非全书，胡可传也。尔既欲，盍择其最者先之。"乃手自删削，稿凡三易，并其续入者，仅余十之二三，题曰《呻吟语摘》。畏乃躬督缮书，手分句读，再刻之家藏，视旧板不啻精且慎矣。

於戏！琢磨功到而玉润重辉，淘汰力勤而金光增艳，万理毕具，一贯在心，得之则立地圣神，何事求多于纸工，弗得则终身陷溺，奚贵徒涉于目中。是刻也，期与同志者共勉焉，无负家君立言垂训之意可已。

万历丙辰仲冬朔男吕知畏顿首谨跋

四库全书总目提要·呻吟语摘

臣等谨案：《呻吟语摘》二卷，明吕坤撰。坤有《四礼疑》，已著录。《明史·艺文志》载《呻吟语》凡四卷。此止二卷。考卷末万历丙辰其子知畏跋，则此乃坤从四卷中手自删削，并取知畏所续入者若干条，存十之二三，距万历壬辰郭子章作序之时，又二十四年，盖坤晚年之定本也。其内篇分七门，曰性命，曰存心，曰伦理，曰谈道，曰修身，曰问学，曰应务；外篇分九门，曰世运，曰圣贤，曰品藻，曰治道，曰人情，曰物理，曰广喻，曰词章。大抵不侈语精微，而笃实以为本；不虚谈高远，而践履以为程。在明代，讲学诸家，似乎粗浅，然尺尺寸寸，务求规矩，而又不违戾于情理，视陆学末派之猖狂，朱学末派之迂僻，其得失则有间矣。

乾隆四十六年十月恭校上

总纂官臣纪昀　臣陆锡熊　臣孙士毅　总校官臣陆费墀

明史·吕坤传

吕坤，字叔简，宁陵人。万历二年进士。为襄垣知县，有异政。

调大同，征授户部主事，历郎中。迁山东参政、山西按察使、陕西右布政使。擢右佥都御史，巡抚山西。居三年，召为左佥都御史。历刑部左、右侍部。

二十五年五月疏陈天下安危。其略曰：

窃见元旦以来，天气昏黄，日光黯淡，占者以为乱征。今天下之势，乱象已形，而乱势未动。天下之人，乱心已萌，而乱人未倡。今日之政，皆播乱机使之动，助乱人使之倡者也。臣敢以救时要务，为陛下陈之。自古幸乱之民有四。一曰无聊之民。饱温无由，身家俱困，因怀逞乱之心，冀缓须臾之死。二曰无行之民。气高性悍，玩法轻生，居常爱玉帛子女而不得，及有变则淫掠是图。三曰邪说之民。白莲结社，遍及四方，教主传头，所在成聚。倘有招呼之首，此其归附之人。四曰不轨之民。乘衅蹈机，妄思雄长。惟冀目前有变，不乐天下太平。陛下约己爱人，损上益下，则四民皆赤子，否则悉为寇仇。

今天下之苍生贫困可知矣。自万历十年以来，无岁不灾，催科如故。臣久为外吏，见陛下赤子冻骨无兼衣，饥肠不再食，垣舍弗蔽，苫藁未完；流移日众，弃地猥多；留者输去者之粮，生者承死者之役。君门万里，孰能仰诉。今国家之财用耗竭可知矣。数年以来寿宫之费几百万，织造之费几百万，宁夏之变几百万，黄河之溃几百万，今大工、采木费，又各几百万矣。土不加广，民不加多，非有雨菽涌金，安能为计。今国家之防御疏略可知矣。三大营之兵以卫京师也，乃马半羸敝，人半老弱。九边之兵以御外寇也，皆勇于挟上，怯于临戎。外卫之兵以备征调资守御也，伍缺于役占，家累于需求，皮骨仅存，折冲奚赖。设有千骑横行，兵不足用，必选民丁。以怨民斗怨民，谁与合战。

人心者，国家之命脉也。今日之人心，惟望陛下收之而已。关陇气寒土薄，民生实艰。自造花绒，比户困趣逼。提花染色，日夜无休，千手经年，不成一匹。他若山西之绌，苏、松之锦绮，岁额既盈，加造不已。至饶州磁器，西域回青，不急之须，徒累小民敲骨。陛下诚一切停罢，而江南、陕西之人心收矣。

以采木言之。丈八之围，非百年之物。深山穷谷，蛇虎杂居，毒雾常多，人烟绝少，寒暑饥渴瘴疠死者无论矣。乃一木初卧，千夫难移，倘遇阻艰，必成伤殒。蜀民语曰“入山一千，出山五百”，哀可知也。至若海木，官价虽一株千两，比来都下，为费何止万金。臣见楚、蜀之人，谈及采木，莫不哽咽。苟损其数，增其直，多其岁月，减其尺寸，而川、贵、湖广之人心收矣。

以采矿言之。南阳诸府，比岁饥荒。生气方苏，菜色未变。自责报殷户，而半已惊逃。自供应矿夫工食、官兵口粮，而多至累死。自都御史李盛春严旨切责，而抚按畏罪不敢言。今矿沙无利，责民纳银，而奸人仲春复为攘夺侵渔之计。朝廷得一金，郡县费千倍。诚敕戒使者，毋散砂责银，有侵夺小民若仲春者，诛无赦，而四方之人心收矣。

官店租银收解，自赵承勋造四千之说，而皇店开。自朝廷有内官之遣，而事权重。夫市井之地，贫民求升合丝毫以活身家者也，陛下享万方之富，何赖于彼？且冯保八店，为屋几何，而岁有四千金之课。课既四千，征收何止数倍。不夺市民，将安取之？今豪家遣仆设肆，居民尚受其殃，况特遣中贵，赐之敕书，以压卵之威，行竭泽之计，民困岂顾问哉。陛下撤还内臣，责有司输课，而畿甸之人心收矣。

天下宗室，皆九庙子孙，王守仁、王锦袭盖世神奸。籍隔数千里，而冒认王弼子孙；事隔三百年，而妄称受寄财产。中间伪造丝纶，假传诏旨，明欺圣主，暗陷亲王，有如楚王衔恨自杀，陛下何辞以谢高皇帝之灵乎？此两贼者，罪应诛殛，乃止令回籍，臣恐万姓惊疑。诚急斩二贼以谢楚王，而天下宗藩之心收矣。

崇信伯费甲金之贫，十厢珠宝之诬，皆通国所知也。始误于科道之风闻，严追犹未为过。今真知其枉，又加禁锢，实害无辜。请还甲金革去之禄，复五城厂卫降斥之官，而勋戚之人心收矣。

法者，所以平天下之情。其轻其重，太祖既定为律，列圣又增为例。如轻重可以就喜怒之情，则例不得为一定之法。臣待罪刑部三年矣，每见诏狱一下，持平者多拂上意，从重者皆当圣心。如往年陈恕、王正甄、常照等狱，臣等欺天罔人，已自废法，陛下犹以为轻，俱加大辟。然则律例又安用乎！诚俯从司寇之平，勉就祖宗之法，而囹圄之人心收矣。

自古圣明之君，岂乐诽谤之语。然而务求言赏谏者，知天下存亡，系言路通塞也。比来驱逐既多，选补皆罢。天阍邃密，法座崇严，若不广达四聪，何由明照万里。今陛下所闻，皆众人之所敢言也，其不敢言者，陛不下得闻矣。一人孤立万乘之上，举朝无犯颜逆耳之人，快在一时，忧贻他日。陛下诚释曹学程之系，还吴文梓等官，凡建言得罪者，悉分别召用，而士大夫之心收矣。

朝鲜密迩东陲，近吾肘腋，平壤西邻鸭绿，晋州直对登、莱。倘倭夷取而有之，籍众为兵，就地资食，进则断我漕运，退则窥我辽东。不及一年，京城坐困，此国家大忧也。乃彼请兵而二三其说，许兵而延缓其期；力穷势屈，不折入为倭不止。陛下诚早决大计，并力东征，而属国之人心收矣。

四方输解之物，营办既苦，转运尤艰。及入内库，率至朽烂，万姓脂膏，化为尘土。倘岁一稽核，苦窳者严监收之刑，朽腐者重典守之罪。一整顿间，而一年可备三年之用，岁省不下百万，而输解之人心收矣。

自抄没法重，株连数多。坐以转寄，则并籍家资。诬以多赃，则互连亲识。宅一封而鸡豚大半饿死，人一出则亲戚不敢藏留。加以官吏法严，兵番搜苦，少年妇女，亦令解衣。臣曾见之，掩目酸鼻。此岂尽正犯之家、重罪之人哉。一字相牵，百口难解。奸人又乘机恐吓，挟取资财，不足不止。半年之内，扰遍京师，陛下知之否乎？愿慎抄没之举，释无辜之系，而都下之人心收矣。

列圣在御之时，岂少宦官宫妾，然死于箠楚者，未之多闻也。陛下数年以来，疑深怒盛。广廷之中，狼籍血肉，宫禁之内，惨戚啼号。厉气冤魂，乃聚福祥之地。今环门守户之众，皆伤心侧目之人，外表忠勤，中藏险毒。既朝暮不能自保，即九死何爱一身。陛下卧榻之侧，同心者几人，暮夜之际，防患者几人，臣窃忧之。愿少霁威严，慎用鞭扑，而左右之人心收矣。

祖宗以来，有一日三朝者，有一日一朝者。陛下不视朝久，人心懈弛已极，奸邪窥伺已深，守卫官军只应故事。今乾清修造，逼近御前。军夫往来，谁识面貌。万一不测，何以应之。臣望发宫钥于质明，放军夫于日昃。自非军国急务，慎无昏夜传宣。章奏不答，先朝未有。至于今日，强半留中。设令有国家大事，邀截实封，扬言于外曰“留中矣”，人知之乎？愿自今章疏未及批答者，日于御前发一纸，下会极门，转付诸司照察，庶君臣虽不面谈，而上下犹无欺蔽。

臣观陛下昔时励精为治，今当春秋鼎盛，曾无夙夜忧勤之意，惟孜孜以患贫为事。不知天下之财，止有此数，君欲富则天下贫，天下贫而君岂独富？今民生憔悴极矣，乃采办日增，诛求益广，敛万姓之怨于一言，结九重之仇于四海，臣窃痛之。使六合一家，千年如故，即宫中虚无所有，谁忍使陛下独贫。今禁城之内，不乐有君。天下之民，不乐有生。怨讟愁叹，难堪入听。陛下闻之，必有食不能咽，寝不能安者矣。臣老且衰，恐不得复见太平，吁天叩地，斋宿七日，敬献忧危之诚。惟陛下密行臣言，翻然若出圣心警悟者，则人心自悦，天意自回。苟不然者，陛下他日虽悔，将何及耶。

疏入，不报。坤遂称疾乞休，中旨许之。于是给事中戴士衡劾坤机深志险，谓石星大误东事，孙钅广滥杀不辜，坤顾不言，曲为附会，无大臣节。给事中刘道亨言往年孙丕扬劾张位，位疑疏出坤手，故使士衡劾坤。位奏辨。帝以坤既罢，悉置不问。

初，坤按察山西时，尝撰《闺范图说》，内侍购入禁中。郑贵妃因加十二人，且为制序，属其伯父承恩重刊之。士衡遂劾坤因承恩进书，结纳宫掖，包藏祸心。坤持疏力辨。未几，有妄人为《闺范图说》跋，名曰《忧危竑议》，略言："坤撰《闺范》，独取汉明德后者，后由贵人进中宫，坤以媚郑贵妃也。坤疏陈天下忧危，无事不言，独不及建储，意自可见。"其言绝狂诞，将以害坤。帝归罪于士衡等，其事遂寝。

坤刚介峭直，留意正学。居家之日，与后进讲习。所著述，多出新意。初，在朝与吏部尚书孙丕扬善。后丕扬复为吏部，屡推坤左都御史未得命，言："臣以八十老臣保坤，冀臣得亲见用坤之效。不效，甘坐失举之罪，死且无憾。"已，又荐天下三大贤，沈鲤、郭正域，其一即坤。丕扬前后推荐，疏至二十余上，帝终不纳。福王封国河南，赐庄田四万顷。坤在籍，上言："国初分封亲藩二十有四，赐田无至万顷者。河南已封周、赵、伊、徽、郑、唐、崇、潞八王，若皆取盈四万，占两河郡县且半，幸圣明裁减。"复移书执政言之。会廷臣亦力争，得减半。卒，天启初，赠刑部尚书。